Schlobohm

Ladungssicherung bei Kleintransportern

7. Auflage 2023

ecomed
SICHERHEIT

Bibliografische Informationen der Deutschen Nationalbibliothek
Die Deutsche Nationalbibliothek verzeichnet diese Publikation in der Deutschen Nationalbibliografie; detaillierte bibliografische Daten sind im Internet über https://www.dnb.de abrufbar.

Bei der Herstellung des Werkes haben wir uns zukunftsbewusst für umweltverträgliche und wiederverwertbare Materialien entschieden.

ISBN 978-3-609-69192-3
Verfasser:
W. Schlobohm
www.gws-schlobohm.de
Zeichnungen: M. Neumann

E-Mail: kundenservice@ecomed-storck.de

Telefon: +49 89/2183-7922
Telefax: +49 89/2183-7620

7. Auflage 2023

www.ecomed-storck.de

Satz: abavo GmbH, Nebelhornstraße 8, 86807 Buchloe
Druck: Westermann Druck Zwickau GmbH, 08058 Zwickau

INHALT

VORWORT

Was ist zu beachten, wenn man etwas mit einem Kleintransporter transportiert?

Die Kleintransporter werden oft als Schnell- und Blitztransporter oder in der Baubranche eingesetzt. Mit den Fahrzeugen werden häufig hohe Geschwindigkeiten gefahren, was aber aufgrund des Verkehrsaufkommens kaum einen zeitlichen Vorteil bringt. Das Fahrzeug hat eher einen hohen Kraftstoffverbrauch, so dass Unternehmer den Fahrzeugführer anweisen, langsamer zu fahren. Manchmal wird sogar eine Geschwindigkeitsdrosselung eingebaut. Die Fahrzeugführer besitzen oftmals nur den Führerschein für Pkw und haben von Ladungssicherung kaum etwas gehört. Die Einweisung in die Grundlagen der Ladungssicherung bleibt somit dem Halter des Fahrzeugs überlassen. Mit diesem Buch soll nicht zuletzt anhand von Praxisbeispielen ein Einblick in die Grundbegriffe der Ladungssicherung gegeben werden.

Im Radio sind tagtäglich Meldungen zu hören, die vor verlorener Ladung auf den Straßen warnen. Die häufigste Ursache dafür ist die fehlende oder mangelhafte Ladungssicherung der Transportgüter, die auf Pritschenfahrzeugen transportiert werden. Jährlich kommt es zu vielen Unfällen, bei denen Millionen an Sachschäden und zum Teil auch Leicht- und Schwerverletzte zu beklagen sind. Oftmals denkt der Fahrzeugführer, dass die Ladung nicht verrutscht, weil sie ja so schwer ist. Das ist ein Irrtum, der für ihn und andere Verkehrsteilnehmer tödlich sein kann. Diese Ausbildungshilfe soll den Umgang mit der anzuwendenden Ladungssicherung vereinfachen, um derartige Irrtümer auszuräumen.

Der Fahrzeugführer muss vor Antritt und während des Transports die ordnungsgemäße Beladung seines Fahrzeugs überprüfen. Man könnte meinen, das sei alles kein Problem für den Fahrzeugführer. Es ist aber eine Reihe von Gesetzen, Vorschriften und Richtlinien, wie z. B. die StVO, UVV und VDI 2700 ff. sowie DIN und EN zu beachten. Einige Urteile des BGH, von OLG oder von Amtsgerichten lassen deutlich erkennen, dass die Ladungssicherung ernst zu nehmen ist.

Wie sieht die Praxis aber für den Kraftfahrer aus? Ist er allein verantwortlich, oder trägt der Verlader auch Verantwortung? An dieser Stelle ein Grundsatz für alle Beteiligten: Alle Personen, die direkt oder indirekt mit der Verladung und dem Transport befasst sind, sind auch für die Ladungssicherung verantwortlich.

Liebe Bundesregierung, ist es nicht langsam an der Zeit, darüber nachzudenken, wie man diese Forderung leicht und verständlich für alle organisiert? Die mit der Ladungssicherung befassten Personen sind häufig überfordert. An Wissen fehlt es nicht – es sind die Kontrollen, die nicht nach vernünftigen Richtlinien ablaufen. Dem Kontrolleur muss ein entsprechendes Regelwerk in die Hand gegeben werden.

1 RECHTLICHE GRUNDLAGEN

1.1 EINE AUSWAHL VON NATIONALEN EMPFEHLUNGEN, RICHTLINIEN UND GESETZEN

Öffentliches Recht

StGB	– Strafgesetzbuch
OWiG	– Ordnungswidrigkeitengesetz
StVG	– Straßenverkehrsgesetz (§§ 24 u. 25)
StVO	– Straßenverkehrs-Ordnung
StVZO	– Straßenverkehrs-Zulassungs-Ordnung

Gefahrguttransporte

GGVSEB	– Gefahrgutverordnung Straße, Eisenbahn und Binnenschifffahrt
GGVSee	– Gefahrgutverordnung See

Berufsgenossenschaft

DGUV Vorschrift 1	– Grundsätze der Prävention
DGUV Vorschrift 70	– Fahrzeuge
DGUV Information 214-083	– Der sicherheits-optimierte Tranporter

Zivilrecht

StVG	– Straßenverkehrsgesetz (§§ 7 u. 18)
BGB	– Bürgerliches Gesetzbuch

Beförderungsrecht

GüKG	– Güterkraftverkehrsgesetz
HGB	– Handelsgesetzbuch
EVO	– Eisenbahn-Verkehrsordnung
CTU-Code	– Verfahrensregeln der IMO/ILO/UNECE für das Packen von Güterbeförderungseinheiten
CMR	– Internationale Beförderungsbedingungen für grenzüberschreitenden Straßengüterverkehr
ADSp	– Allgemeine Deutsche Spediteurbedingungen

Regeln der Technik (Richtlinien und Normen)

Verein Deutscher Ingenieure (VDI-Richtlinien)

VDI 2700	– Ladungssicherung auf Straßenfahrzeugen
VDI 2700 Blatt 1	– Ausbildung und Ausbildungsinhalte
VDI 2700 Blatt 2	– Berechnung von Sicherungskräften – Grundlagen
VDI 2700 Blatt 3.1	– Gebrauchsanleitung für Zurrmittel
VDI 2700 Blatt 3.2	– Einrichtungen und Hilfsmittel zur Ladungssicherung
VDI 2700 Blatt 3.3	– Netze zur Ladungssicherung
VDI 2700 Blatt 4	– Lastverteilungsplan
VDI 2700 Blatt 5	– Qualitätsmanagement-Systeme
VDI 2700 Blatt 6	– Zusammenladung von Stückgütern
VDI 2700 Blatt 12	– Ladungssicherung von Getränkeprodukten
VDI 2700 Blatt 14	– Ermittlung von Reibbeiwerten
VDI 2700 Blatt 15	– Rutschhemmende Materialien
VDI 2700 Blatt 16	– Ladungssicherung bei Transportern bis 7,5 t zGM
VDI 2700a	– Ausbildungsnachweis Ladungssicherung
VDI 3968	– Sicherung von Ladeeinheiten – Blatt 1, 3, 4 und 5

Deutsches Institut für Normung – Europa-Norm (DIN – EN)

DIN EN 12 195-1	– Ladungssicherung auf Straßenfahrzeugen – Sicherheit – Teil 1: Berechnung von Sicherungskräften
DIN EN 12 195	– Ladungssicherung auf Straßenfahrzeugen – Sicherheit – Teil 2 – 4: Zurrgurte aus Chemiefasern, Zurrketten und Zurrdrahtseile
DIN EN 13 891	– Umreifungsbänder – Auswahl und Anwendung
DIN 75 410-1	– Ladungssicherung auf Straßenfahrzeugen – Zurrpunkte an Nutzfahrzeugen zur Güterbeförderung mit einer zulässigen Gesamtmasse bis 3,5 t
DIN ISO 27 955	– Straßenfahrzeuge – Ladungssicherung in Pkw, Pkw-Kombi und Mehrzweck-Pkw – Anforderungen und Prüfverfahren
DIN ISO 27 956	– Straßenfahrzeuge – Ladungssicherung in Lieferwagen (Kastenwagen) – Anforderungen und Prüfverfahren
DIN EN 12 640	– Intermodale Ladeeinheiten und Nutzfahrzeuge – Zurrpunkte zur Ladungssicherung – Mindestanforderungen und Prüfungen
DIN EN 12 642	– Ladungssicherung auf Straßenfahrzeugen – Aufbauten an Nutzfahrzeugen – Mindestanforderungen
DIN EN 13 247	– Verpackung – Spezifikation für Umreifungsbänder aus Stahl zum Heben, Binden und Sichern von Ladungen

1.2 BEGRIFFSBESTIMMUNGEN IM STRASSENVERKEHR

Absender/Beförderer

Absender ist, wer mit dem Beförderer einen Beförderungsvertrag schließt. Wird kein Beförderungsvertrag geschlossen, gilt der Beförderer als Absender.

Fahrzeugführer/Fahrer

Fahrzeugführer/Fahrer ist derjenige, der ein Fahrzeug verantwortlich lenkt.

Halter/Unternehmer

Halter/Unternehmer ist, wer das Fahrzeug für eigene Rechnung in Gebrauch hat, auf den das Fahrzeug zugelassen ist oder wer den Nutzen aus dem Gebrauch zieht.

Verlader

Verlader ist, wer Güter in Eigenverantwortung im Rahmen bestehender Gesetze auf das Beförderungsmittel aufbringt. Er ist der unmittelbare Besitzer des Gutes. Er übergibt das Gut dem Beförderer.

Betriebssicherheit

Betriebssicherheit bedeutet, dass durch die Ladung die technische Betriebssicherheit des Fahrzeugs nicht beeinträchtigt wird. Die Betriebssicherheit ist nicht mehr gewährleistet, wenn sich z. B. durch das Verrutschen einer Ladung die Schwerpunktlage so verändert, dass daraus

- ein Überschreiten der maximal zulässigen Achslast oder
- ein Unterschreiten der erforderlichen Mindestlenkachslast resultiert.

Beförderungssicherheit

Beförderungssicherheit (= Transportsicherheit) ist gegeben, wenn nur solche Güter zur Verladung kommen, deren innerer und äußerer Zustand eine direkte Beladung und Sicherung bedenkenlos zulässt und andere Güter in deren Beförderungssicherheit nicht einschränkt.

Beförderungssicherheit bezieht sich auf die

- Verpackung,
- Bildung von Ladeeinheiten,
- vorgenommene Lastverteilung,
- Sicherung der Verpackungen und Ladeeinheiten in einem Ladegefäß sowie
- Sicherung der Ladegüter.

Verkehrssicherheit

Verkehrssicherheit ist gegeben, wenn die Ladung in einer solchen Weise auf das Fahrzeug aufgebracht wird und somit den allgemeinen Anforderungen des Straßenverkehrs genügt, dass sie z. B. auch bei einer Vollbremsung nicht verrutscht.

Folgende Faktoren beeinflussen beispielsweise die Verkehrssicherheit eines beladenen Fahrzeugs:

- Fahrzeugart, Fahrzeugzustand und -ausstattung
- Verpackung und Ladeeinheit
- Lastverteilung
- Sicherung der Ladeeinheiten und Güter
- Einhaltung der Sozialvorschriften

1.3 PFLICHTEN DES FAHRERS

Nach Auffassung der geltenden Rechtsprechung kann vom **Fahrer** zusammenfassend verlangt werden, dass er

1. die Verkehrssicherheit von Fahrzeug und Ladung vor Fahrtantritt kontrolliert und ggf. nachsichert,
2. die physikalische Verhaltensweise seiner Ladung auf dem Fahrzeug einschätzen kann,
3. seine Fahrweise (z. B. Fahrgeschwindigkeit) den Umständen anpasst,
4. sich in die Lage versetzt, die Wirksamkeit der Ladungssicherung während des Transports zu kontrollieren und auch hier ggf. die Ladung nachsichert.

1.4 VORSCHRIFTENAUSZÜGE UND KOMMENTARE

1.4.1 StGB

§ 222 Fahrlässige Tötung

Wer durch Fahrlässigkeit den Tod eines Menschen verursacht, wird mit Freiheitsstrafe bis zu fünf Jahren oder mit Geldstrafe bestraft.

§ 229 Fahrlässige Körperverletzung

Wer durch Fahrlässigkeit die Körperverletzung einer anderen Person verursacht, wird mit Freiheitsstrafe bis zu drei Jahren oder mit Geldstrafe bestraft.

§ 303 Sachbeschädigung

(1) Wer rechtswidrig eine fremde Sache beschädigt oder zerstört, wird mit Freiheitsstrafe bis zu zwei Jahren oder mit Geldstrafe bestraft.

(2) Ebenso wird bestraft, wer unbefugt das Erscheinungsbild einer fremden Sache nicht nur unerheblich und nicht nur vorübergehend verändert.

(3) Der Versuch ist strafbar.

§ 315b Gefährliche Eingriffe in den Straßenverkehr

(1) Wer die Sicherheit des Straßenverkehrs dadurch beeinträchtigt, dass er

1. Anlagen oder Fahrzeuge zerstört, beschädigt oder beseitigt,
2. Hindernisse bereitet oder
3. einen ähnlichen, ebenso gefährlichen Eingriff vornimmt,

und dadurch Leib oder Leben eines anderen Menschen oder fremde Sachen von bedeutendem Wert gefährdet, wird mit Freiheitsstrafe bis zu fünf Jahren oder mit Geldstrafe bestraft.

(2) Der Versuch ist strafbar.

(3) Handelt der Täter unter den Voraussetzungen des § 315 Abs. 3, so ist die Strafe Freiheitsstrafe von einem Jahr bis zu zehn Jahren, in minder schweren Fällen Freiheitsstrafe von sechs Monaten bis zu fünf Jahren.

(4) Wer in den Fällen des Absatzes 1 die Gefahr fahrlässig verursacht, wird mit Freiheitsstrafe bis zu drei Jahren oder mit Geldstrafe bestraft.

(5) Wer in den Fällen des Absatzes 1 fahrlässig handelt und die Gefahr fahrlässig verursacht, wird mit Freiheitsstrafe bis zu zwei Jahren oder mit Geldstrafe bestraft.

§ 324 Gewässerverunreinigung

(1) Wer unbefugt ein Gewässer verunreinigt oder sonst dessen Eigenschaften nachteilig verändert, wird mit Freiheitsstrafe bis zu fünf Jahren oder mit Geldstrafe bestraft.

(2) Der Versuch ist strafbar.

(3) Handelt der Täter fahrlässig, so ist die Strafe Freiheitsstrafe bis zu drei Jahren oder Geldstrafe.

§ 324a Bodenverunreinigung

(1) Wer unter Verletzung verwaltungsrechtlicher Pflichten Stoffe in den Boden einbringt, eindringen lässt oder freisetzt und diesen dadurch

1. in einer Weise, die geeignet ist, die Gesundheit eines anderen, Tiere, Pflanzen oder andere Sachen von bedeutendem Wert oder ein Gewässer zu schädigen, oder
2. in bedeutendem Umfang

verunreinigt oder sonst nachteilig verändert, wird mit Freiheitsstrafe bis zu fünf Jahren oder mit Geldstrafe bestraft.

(2) Der Versuch ist strafbar.

(3) Handelt der Täter fahrlässig, so ist die Strafe Freiheitsstrafe bis zu drei Jahren oder Geldstrafe.

§ 330 Besonders schwerer Fall einer Umweltstraftat

(1) In besonders schweren Fällen wird eine vorsätzliche Tat nach den §§ 324 bis 329 mit Freiheitsstrafe von sechs Monaten bis zu zehn Jahren bestraft. Ein besonders schwerer Fall liegt in der Regel vor, wenn der Täter

1. ein Gewässer, den Boden oder ein Schutzgebiet im Sinne des § 329 Abs. 3 derart beeinträchtigt, dass die Beeinträchtigung nicht, nur mit außerordentlichem Aufwand oder erst nach längerer Zeit beseitigt werden kann,
2. die öffentliche Wasserversorgung gefährdet,
3. einen Bestand von Tieren oder Pflanzen einer streng geschützen Art nachhaltig schädigt oder
4. aus Gewinnsucht handelt.

(2) Wer durch eine vorsätzliche Tat nach den §§ 324 bis 329

1. einen anderen Menschen in die Gefahr des Todes oder einer schweren Gesundheitsschädigung oder eine große Zahl von Menschen in die Gefahr einer Gesundheitsschädigung bringt oder
2. den Tod eines anderen Menschen verursacht,

wird in den Fällen der Nummer 1 mit Freiheitsstrafe von einem Jahr bis zu zehn Jahren, in den Fällen der Nummer 2 mit Freiheitsstrafe nicht unter drei Jahren bestraft, wenn die Tat nicht in § 330a Abs. 1 bis 3 mit Strafe bedroht ist.

(3) In minder schweren Fällen des Absatzes 2 Nr. 1 ist auf Freiheitsstrafe von sechs Monaten bis zu fünf Jahren, in minder schweren Fällen des Absatzes 2 Nr. 2 auf Freiheitsstrafe von einem Jahr bis zu zehn Jahren zu erkennen.

1.4.2 OWiG

§ 9 Handeln für einen anderen

(1) Handelt jemand

1. als vertretungsberechtigtes Organ einer juristischen Person oder als Mitglied eines solchen Organs,
2. als vertretungsberechtigter Gesellschafter einer rechtsfähigen Personengesellschaft oder
3. als gesetzlicher Vertreter eines anderen,

so ist ein Gesetz, nach dem besondere persönliche Eigenschaften, Verhältnisse oder Umstände (besondere persönliche Merkmale) die Möglichkeit der Ahndung begründen, auch auf den Vertreter anzuwenden, wenn diese Merkmale zwar nicht bei ihm, aber bei dem Vertretenen vorliegen.

(2) Ist jemand von dem Inhaber eines Betriebes oder einem sonst dazu Befugten

1. beauftragt, den Betrieb ganz oder zum Teil zu leiten, oder
2. ausdrücklich beauftragt, in eigener Verantwortung Aufgaben wahrzunehmen, die dem Inhaber des Betriebes obliegen,

und handelt er auf Grund dieses Auftrages, so ist ein Gesetz, nach dem besondere persönliche Merkmale die Möglichkeit der Ahndung begründen, auch auf den Beauftragten anzuwenden, wenn diese Merkmale zwar nicht bei ihm, aber bei dem Inhaber des Betriebes vorliegen. Dem Betrieb im Sinne des Satzes 1 steht das Unternehmen gleich. Handelt jemand auf Grund eines entsprechenden Auftrages für eine Stelle, die Aufgaben der öffentlichen Verwaltung wahrnimmt, so ist Satz 1 sinngemäß anzuwenden.

(3) Die Absätze 1 und 2 sind auch dann anzuwenden, wenn die Rechtshandlung, welche die Vertretungsbefugnis oder das Auftragsverhältnis begründen sollte, unwirksam ist.

§ 14 Beteiligung

(1) Beteiligen sich mehrere an einer Ordnungswidrigkeit, so handelt jeder von ihnen ordnungswidrig. Dies gilt auch dann, wenn besondere persönliche Merkmale (§ 9 Abs. 1), welche die Möglichkeit der Ahndung begründen, nur bei einem Beteiligten vorliegen.

(2) Die Beteiligung kann nur dann geahndet werden, wenn der Tatbestand eines Gesetzes, das die Ahndung mit einer Geldbuße zulässt, rechtswidrig verwirklicht wird oder in Fällen, in denen auch der Versuch geahndet werden kann, dies wenigstens versucht wird.

(3) Handelt einer der Beteiligten nicht vorwerfbar, so wird dadurch die Möglichkeit der Ahndung bei den anderen nicht ausgeschlossen. Bestimmt das Gesetz, dass besondere persönliche Merkmale die Möglichkeit der Ahndung ausschließen, so gilt dies nur für den Beteiligten, bei dem sie vorliegen.

(4) Bestimmt das Gesetz, dass eine Handlung, die sonst eine Ordnungswidrigkeit wäre, bei besonderen persönlichen Merkmalen des Täters eine Straftat ist, so gilt dies nur für den Beteiligten, bei dem sie vorliegen.

§ 130 Verletzung der Aufsichtspflicht in Betrieben und Unternehmen

(1) Wer als Inhaber eines Betriebes oder Unternehmens vorsätzlich oder fahrlässig die Aufsichtsmaßnahmen unterlässt, die erforderlich sind, um in dem Betrieb oder Unternehmen Zuwiderhandlungen gegen Pflichten zu verhindern, die den Inhaber treffen und deren Verletzung mit Strafe oder Geldbuße bedroht ist, handelt ordnungswidrig, wenn eine solche Zuwiderhandlung begangen wird, die durch gehörige Aufsicht verhindert oder wesentlich erschwert worden wäre. Zu den erforderlichen Aufsichtsmaßnahmen gehören auch die Bestellung, sorgfältige Auswahl und Überwachung von Aufsichtspersonen.

(2) Betrieb oder Unternehmen im Sinne des Absatzes 1 ist auch das öffentliche Unternehmen.

(3) Die Ordnungswidrigkeit kann, wenn die Pflichtverletzung mit Strafe bedroht ist, mit einer Geldbuße bis zu einer Million Euro geahndet werden. (…) Ist die Pflichtverletzung mit Geldbuße bedroht, so bestimmt sich das Höchstmaß der Geldbuße wegen der Aufsichtspflichtverletzung nach dem für die Pflichtverletzung angedrohten Höchstmaß der Geldbuße. Satz 3 gilt auch im Falle einer Pflichtverletzung, die gleichzeitig mit Strafe und Geldbuße bedroht

ist, wenn das für die Pflichtverletzung angedrohte Höchstmaß der Geldbuße das Höchstmaß nach Satz 1 übersteigt.

Die **Aufsichtspflicht wird erfüllt** durch

- Schaffung einer geeigneten Betriebsorganisation durch Aufgabendefinition
- Aufgabenübertragung auf geeignete Personen
- ordnungsgemäße Anleitung des Weisungsempfängers
- angemessene Verlaufskontrolle und
- Überwachung der Delegationsempfänger

Alle Schritte einschließlich der Überwachung **sind zu dokumentieren**, um dem Betroffenen und seinem Verteidiger die Nachweisführung zu erleichtern. (Beschluss des OLG Jena vom 02. November 2005 – 1 Ss 242/05)

1.4.3 StVO

§ 22 Ladung

(1) Die Ladung einschließlich Geräte zur Ladungssicherung sowie Ladeeinrichtungen sind so zu verstauen und zu sichern, dass sie selbst bei Vollbremsung oder plötzlicher Ausweichbewegung nicht verrutschen, umfallen, hin- und herrollen, herabfallen oder vermeidbaren Lärm erzeugen können. Dabei sind die anerkannten Regeln der Technik zu beachten.

§ 23 Sonstige Pflichten von Fahrzeugführenden

(1) Wer ein Fahrzeug führt, ist dafür verantwortlich, dass seine Sicht und das Gehör nicht durch die Besetzung, Tiere, die Ladung, Geräte oder den Zustand des Fahrzeugs beeinträchtigt werden. Wer ein Fahrzeug führt, hat zudem dafür zu sorgen, dass das Fahrzeug, der Zug, das Gespann sowie die Ladung und die Besetzung vorschriftsmäßig sind und dass die Verkehrssicherheit des Fahrzeugs durch die Ladung oder die Besetzung nicht leidet. Ferner ist dafür zu sorgen, dass die vorgeschriebenen Kennzeichen stets gut lesbar sind. Vorgeschriebene Beleuchtungseinrichtungen müssen an Kraftfahrzeugen und ihren Anhängern auch am Tage vorhanden und betriebsbereit sein.

1.4.4 StVZO

§ 30 Beschaffenheit der Fahrzeuge

(1) Fahrzeuge müssen so gebaut und ausgerüstet sein, dass

1. ihr verkehrsüblicher Betrieb niemanden schädigt oder mehr als unvermeidbar gefährdet, behindert oder belästigt,

2. die Insassen insbesondere bei Unfällen vor Verletzungen möglichst geschützt sind und das Ausmaß und die Folgen von Verletzungen möglichst gering bleiben.

§ 31 Verantwortung für den Betrieb der Fahrzeuge

(2) Der Halter darf die Inbetriebnahme nicht anordnen oder zulassen, wenn ihm bekannt ist oder bekannt sein muss, dass der Führer nicht zur selbstständigen Leitung geeignet oder das Fahrzeug, der Zug, das Gespann, die Ladung oder die Besetzung nicht vorschriftsmäßig ist oder dass die Verkehrssicherheit des Fahrzeugs durch die Ladung oder die Besetzung leidet.

> Der Halter ist mit für den betriebssicheren Fahrzeugzustand im Verkehr verantwortlich.
>
> Ist das Fahrzeug wegen falscher Beladung nicht betriebssicher, so darf es der Halter weder in Betrieb nehmen noch die Inbetriebnahme anordnen oder zulassen.
>
> Der Halter hat eine Mitverantwortung hinsichtlich der ordnungsgemäßen Nutzung im Sinne der Bestimmungen der StVO. Kontrollen von Fahrern vor, während und nach der Fahrt sind notwendig.

§ 34 Achslast und Gesamtgewicht

(3) (…) Die zulässige Achslast und das zulässige Gesamtgewicht sind beim Betrieb des Fahrzeugs und der Fahrzeugkombination einzuhalten. (…)

Anmerkung des Verfassers:
Das bedeutet, dass auch bei Kleintransportern mit Pkw- oder Lkw-Zulassung das zulässige Gesamtgewicht (eigentlich Gesamtmasse) und die zulässigen Achslasten gemäß der **Eintragung im Fahrzeugschein** nicht überschritten werden dürfen (→ *Bild 1.1*).

1.4.5 Berufsgenossenschaftliche Vorschriften (DGUV)

DGUV Vorschrift 70 Fahrzeuge

§ 22 Fahrzeugaufbauten, Aufbauteile, Einrichtungen und Hilfsmittel zur Ladungssicherung

(1) Fahrzeugaufbauten müssen so beschaffen sein, dass bei bestimmungsgemäßer Verwendung des Fahrzeuges die Ladung gegen Verrutschen, Verrollen, Umfallen, Herabfallen und bei Tankfahrzeugen gegen Auslaufen

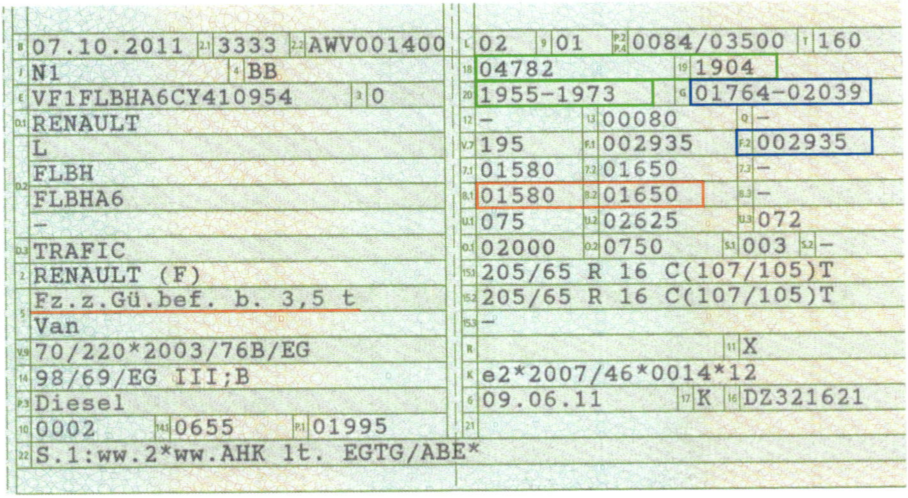
B 07.10.2011 2.1 3333 2.2 AWV001400
J N1 4 BB
E VF1FLBHA6CY410954 3 0
D.1 RENAULT
D.2 L
FLBH
FLBHA6
-
D.3 TRAFIC
2 RENAULT (F)
5 Fz.z.Gü.bef. b. 3,5 t
Van
V.9 70/220*2003/76B/EG
14 98/69/EG III;B
P.3 Diesel
10 0002 14.1 0655 P.1 01995
22 S.1:ww.2*ww.AHK lt. EGTG/ABE*
L 02 9 01 P.2 P.4 0084/03500 T 160
18 04782 19 1904
20 1955-1973 G 01764-02039
12 – 13 00080 Q –
V.7 195 F.1 002935 F.2 002935
7.1 01580 7.2 01650 7.3 –
8.1 01580 8.2 01650 8.3 –
U.1 075 U.2 02625 U.3 072
O.1 02000 O.2 0750 S.1 003 S.2 –
15.1 205/65 R 16 C(107/105)T
15.2 205/65 R 16 C(107/105)T
15.3 –
R 11 X
K e2*2007/46*0014*12
6 09.06.11 17 K 16 DZ321621
21

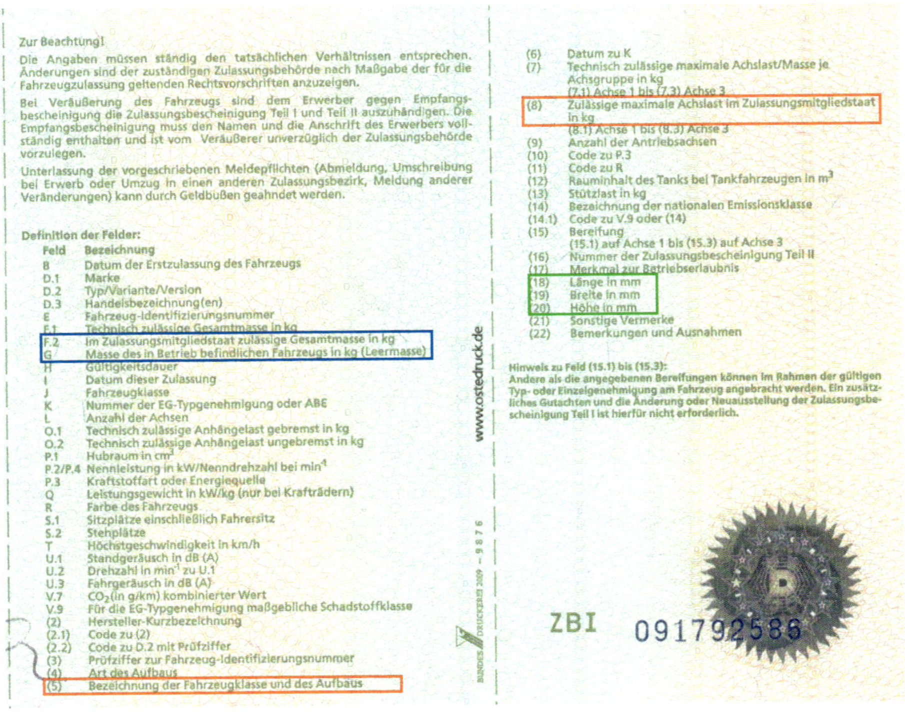
Zur Beachtung!

Die Angaben müssen ständig den tatsächlichen Verhältnissen entsprechen. Änderungen sind der zuständigen Zulassungsbehörde nach Maßgabe der für die Fahrzeugzulassung geltenden Rechtsvorschriften anzuzeigen.

Bei Veräußerung des Fahrzeugs sind dem Erwerber gegen Empfangsbescheinigung die Zulassungsbescheinigung Teil I und Teil II auszuhändigen. Die Empfangsbescheinigung muss den Namen und die Anschrift des Erwerbers vollständig enthalten und ist vom Veräußerer unverzüglich der Zulassungsbehörde vorzulegen.

Unterlassung der vorgeschriebenen Meldepflichten (Abmeldung, Umschreibung bei Erwerb oder Umzug in einen anderen Zulassungsbezirk, Meldung anderer Veränderungen) kann durch Geldbußen geahndet werden.

Definition der Felder:

Feld	Bezeichnung
B	Datum der Erstzulassung des Fahrzeugs
D.1	Marke
D.2	Typ/Variante/Version
D.3	Handelsbezeichnung(en)
E	Fahrzeug-Identifizierungsnummer
F.1	Technisch zulässige Gesamtmasse in kg
F.2	Im Zulassungsmitgliedstaat zulässige Gesamtmasse in kg
G	Masse des in Betrieb befindlichen Fahrzeugs in kg (Leermasse)
H	Gültigkeitsdauer
I	Datum dieser Zulassung
J	Fahrzeugklasse
K	Nummer der EG-Typgenehmigung oder ABE
L	Anzahl der Achsen
O.1	Technisch zulässige Anhängelast gebremst in kg
O.2	Technisch zulässige Anhängelast ungebremst in kg
P.1	Hubraum in cm^3
P.2/P.4	Nennleistung in kW/Nenndrehzahl bei min^{-1}
P.3	Kraftstoffart oder Energiequelle
Q	Leistungsgewicht in kW/kg (nur bei Krafträdern)
R	Farbe des Fahrzeugs
S.1	Sitzplätze einschließlich Fahrersitz
S.2	Stehplätze
T	Höchstgeschwindigkeit in km/h
U.1	Standgeräusch in dB (A)
U.2	Drehzahl in min^{-1} zu U.1
U.3	Fahrgeräusch in dB (A)
V.7	CO_2 (in g/km) kombinierter Wert
V.9	Für die EG-Typgenehmigung maßgebliche Schadstoffklasse
(2)	Hersteller-Kurzbezeichnung
(2.1)	Code zu (2)
(2.2)	Code zu D.2 mit Prüfziffer
(3)	Prüfziffer zur Fahrzeug-Identifizierungsnummer
(4)	Art des Aufbaus
(5)	Bezeichnung der Fahrzeugklasse und des Aufbaus
(6)	Datum zu K
(7)	Technisch zulässige maximale Achslast/Masse je Achsgruppe in kg (7.1) Achse 1 bis (7.3) Achse 3
(8)	Zulässige maximale Achslast im Zulassungsmitgliedstaat in kg (8.1) Achse 1 bis (8.3) Achse 3
(9)	Anzahl der Antriebsachsen
(10)	Code zu P.3
(11)	Code zu R
(12)	Rauminhalt des Tanks bei Tankfahrzeugen in m^3
(13)	Stützlast in kg
(14)	Bezeichnung der nationalen Emissionsklasse
(14.1)	Code zu V.9 oder (14)
(15)	Bereifung (15.1) auf Achse 1 bis (15.3) auf Achse 3
(16)	Nummer der Zulassungsbescheinigung Teil II
(17)	Merkmal zur Betriebserlaubnis
(18)	Länge in mm
(19)	Breite in mm
(20)	Höhe in mm
(21)	Sonstige Vermerke
(22)	Bemerkungen und Ausnahmen

Hinweis zu Feld (15.1) bis (15.3):
Andere als die angegebenen Bereifungen können im Rahmen der gültigen Typ- oder Einzelgenehmigung am Fahrzeug angebracht werden. Ein zusätzliches Gutachten und die Änderung oder Neuausstellung der Zulassungsbescheinigung Teil I ist hierfür nicht erforderlich.

www.ostedruck.de

BUNDESDRUCKEREI 2009 – 9876

ZBI 091792586

Bild 1.1: Beispiel Fahrzeugschein

gesichert ist oder werden kann. Ist eine Ladungssicherung durch den Fahrzeugaufbau allein nicht gewährleistet, müssen Hilfsmittel zur Ladungssicherung vorhanden sein. Pritschenaufbauten und Tieflader müssen mit Verankerungen für Zurrmittel zur Ladungssicherung ausgerüstet sein. (...)

§ 37 Be- und Entladen

(1) Fahrzeuge dürfen nur so beladen werden, dass die zulässigen Werte für

1. Gesamtgewicht,
2. Achslasten,
3. statische Stützlast

   (...)

nicht überschritten werden.

Die Ladungsverteilung hat so zu erfolgen, dass das Fahrverhalten des Fahrzeuges nicht über das unvermeidbare Maß hinaus beeinträchtigt wird.

(...)

(4) Die Ladung ist so zu verstauen und bei Bedarf zu sichern, dass bei üblichen Verkehrsbedingungen eine Gefährdung von Personen ausgeschlossen ist.

1.4.6 ADR

Abschnitt 7.5.7 Handhabung und Verstauung

7.5.7.1 Die Fahrzeuge oder Container müssen gegebenenfalls mit Einrichtungen für die Sicherung und Handhabung der gefährlichen Güter ausgerüstet sein. Versandstücke, die gefährliche Güter enthalten, und unverpackte gefährliche Gegenstände müssen durch geeignete Mittel gesichert werden, die in der Lage sind, die Güter im Fahrzeug oder Container so zurückzuhalten (z. B. Befestigungsgurte, Schiebewände, verstellbare Halterungen), dass eine Bewegung während der Beförderung, durch die die Ausrichtung der Versandstücke verändert wird oder die zu einer Beschädigung der Versandstücke führt, verhindert wird. Wenn gefährliche Güter zusammen mit anderen Gütern (z. B. schwere Maschinen oder Kisten) befördert werden, müssen alle Güter in den Fahrzeugen oder Containern so gesichert oder verpackt werden, dass das Austreten gefährlicher Güter verhindert wird. Die Bewegung der Versandstücke kann auch durch das Auffüllen von Hohlräumen mit Hilfe von Stauhölzern oder durch Blockieren und Verspannen verhindert werden. Wenn Verspannungen wie Bänder oder Gurte verwendet werden, dürfen diese nicht überspannt werden, so dass es zu einer Beschädigung oder Verformung des Versandstücks kommt.

siehe dazu RSEB 2023, Nummer 7-8:

Bei der Ladungssicherung sogenannter weicher Verpackungen (z. B. Säcke, Fässer aus Kunststoff) sind Verformungen zu akzeptieren, die für die jeweilige Verpackung unschädlich sind und zu keinem Gefahrgutaustritt führen.

Die Vorschriften dieses Unterabschnitts gelten als erfüllt, wenn die Ladung gemäß der Norm EN 12195-1:2010 gesichert ist.

7.5.7.2 Versandstücke dürfen nicht gestapelt werden, es sei denn, sie sind für diesen Zweck ausgelegt. Wenn verschiedene Arten von Versandstücken, die für eine Stapelung ausgelegt sind, zusammen zu verladen sind, ist auf die gegenseitige Stapelverträglichkeit Rücksicht zu nehmen. Soweit erforderlich, müssen gestapelte Versandstücke durch die Verwendung tragender Hilfsmittel gegen eine Beschädigung der unteren Versandstücke geschützt werden.

7.5.7.3 Während des Be- und Entladens müssen Versandstücke mit gefährlichen Gütern gegen Beschädigung geschützt werden.

Bem. Besondere Beachtung ist der Handhabung der Versandstücke bei der Vorbereitung zur Beförderung, der Art des Fahrzeugs oder Containers, mit dem die Versandstücke befördert werden sollen, und der Be- und Entlademethode zu schenken, so dass eine unbeabsichtigte Beschädigung durch Ziehen der Versandstücke über den Boden oder durch falsche Behandlung der Versandstücke vermieden wird.

7.5.7.4 Die Vorschriften des Unterabschnitts 7.5.7.1 gelten auch für das Verladen, Verstauen und Absetzen sowie für das Entladen von Containern, Tankcontainern, ortsbeweglichen Tanks und MEGC auf bzw. von Fahrzeugen. (...)

7.5.7.5 Mitglieder der Fahrzeugbesatzung dürfen Versandstücke mit gefährlichen Gütern nicht öffnen.

1.4.7 BGB

§ 823 Schadensersatzpflicht

(1) Wer vorsätzlich oder fahrlässig das Leben, den Körper, die Gesundheit, die Freiheit, das Eigentum oder ein sonstiges Recht eines anderen widerrechtlich verletzt, ist dem anderen zum Ersatz des daraus entstehenden Schadens verpflichtet.

(2) Die gleiche Verpflichtung trifft denjenigen, welcher gegen ein den Schutz eines anderen bezweckendes Gesetz verstößt. Ist nach dem Inhalte des Gesetzes ein Verstoß gegen dieses auch ohne Verschulden möglich, so tritt die Ersatzpflicht nur im Falle des Verschuldens ein.

1.4.8 HGB

§ 411 Verpackung. Kennzeichnung

Der Absender hat das Gut, soweit dessen Natur unter Berücksichtigung der vereinbarten Beförderung eine Verpackung erfordert, so zu verpacken, dass es vor Verlust und Beschädigung geschützt ist und dass auch dem Frachtführer keine Schäden entstehen. Soll das Gut in einem Container, auf einer Palette oder in oder auf einem sonstigen Lademittel, das zur Zusammenfassung von Frachtstücken verwendet wird, zur Beförderung übergeben werden, hat der Absender das Gut auch in oder auf dem Lademittel beförderungssicher zu stauen und zu sichern. Der Absender hat das Gut ferner, soweit dessen vertragsgemäße Behandlung dies erfordert, zu kennzeichnen.

§ 412 Verladen und Entladen. (...)

(1) Soweit sich aus den Umständen oder der Verkehrssitte nicht etwas anderes ergibt, hat der Absender das Gut beförderungssicher zu laden, zu stauen und zu befestigen (verladen) sowie zu entladen. Der Frachtführer hat für die betriebssichere Verladung zu sorgen.

§ 414 Verschuldensunabhängige Haftung des Absenders in besonderen Fällen

(1) Der Absender hat, auch wenn ihn kein Verschulden trifft, dem Frachtführer Schäden und Aufwendungen zu ersetzen, die verursacht werden durch

1. ungenügende Verpackung oder Kennzeichnung,
2. Unrichtigkeit oder Unvollständigkeit der in den Frachtbrief aufgenommenen Angaben,
3. Unterlassen der Mitteilung über die Gefährlichkeit des Gutes oder

4. Fehlen, Unvollständigkeit oder Unrichtigkeit der in § 413 Abs. 1 genannten Urkunden oder Auskünfte.

§ 425 Haftung für Güter- und Verspätungsschäden. Schadensteilung

(1) Der Frachtführer haftet für den Schaden, der durch Verlust oder Beschädigung des Gutes in der Zeit von der Übernahme zur Beförderung bis zur Ablieferung oder durch Überschreitung der Lieferfrist entsteht.

(2) Hat bei der Entstehung des Schadens ein Verhalten des Absenders oder des Empfängers oder ein besonderer Mangel des Gutes mitgewirkt, so hängen die Verpflichtung zum Ersatz sowie der Umfang des zu leistenden Ersatzes davon ab, inwieweit diese Umstände zu dem Schaden beigetragen haben.

§ 427 Besondere Haftungsausschlussgründe

(1) Der Frachtführer ist von seiner Haftung befreit, soweit der Verlust, die Beschädigung oder die Überschreitung der Lieferfrist auf eine der folgenden Gefahren zurückzuführen ist:

1. vereinbarte oder der Übung entsprechende Verwendung von offenen, nicht mit Planen gedeckten Fahrzeugen oder Verladung auf Deck;
2. ungenügende Verpackung durch den Absender;
3. Behandeln, Verladen oder Entladen des Gutes durch den Absender oder den Empfänger;
4. natürliche Beschaffenheit des Gutes, die besonders leicht zu Schäden, insbesondere durch Bruch, Rost, inneren Verderb, Austrocknen, Auslaufen, normalen Schwund, führt;
5. ungenügende Kennzeichnung der Frachtstücke durch den Absender;
6. Beförderung lebender Tiere.

(...)

(5) Der Frachtführer kann sich auf Absatz 1 Nr. 6 nur berufen, wenn er alle ihm nach den Umständen obliegenden Maßnahmen getroffen und besondere Weisungen beachtet hat.

§ 435 Wegfall der Haftungsbefreiungen und -begrenzungen

Die in diesem Unterabschnitt und im Frachtvertrag vorgesehenen Haftungsbefreiungen und Haftungsbegrenzungen gelten nicht, wenn der Schaden auf eine Handlung oder Unterlassung zurückzuführen ist, die der Frachtführer oder eine in § 428 genannte Person vorsätzlich oder leichtfertig und in dem Bewusstsein, dass ein Schaden mit Wahrscheinlichkeit eintreten werde, begangen hat.

1.5 VERANTWORTLICHKEITEN, URTEILE

1.5.1 Verantwortlichkeiten Fahrzeugführer

Die erste Aussage des Fahrzeugführers gegenüber dem Kontrollbeamten ist wichtig, da sie später zu Lasten des Fahrzeugführers oder anderer Beteiligter, die mit der Beladung und der Ladungssicherung zu tun hatten, ausgelegt werden könnte.

Jeder Fahrzeugführer hat vor Fahrtantritt eine Abfahrtkontrolle durchzuführen. Dazu gehört auch die Überprüfung von Beladung und Ladungssicherung. Im Verlauf der Fahrt hat er sein Fahrzeug und die Beladung zu überwachen. Bei einer Teilentladung hat der Fahrzeugführer die Ladungssicherung neu vorzunehmen sowie die sich ändernde Lastverteilung zu berücksichtigen.

1.5.2 Verantwortlichkeiten Verlader

Wer zum Beladen des Fahrzeuges verpflichtet ist, wird in Beförderungsbedingungen und Verträgen geregelt. Im Transportrechtsreformgesetz (TRG) und im Handelsgesetzbuch (HGB) sind Regelungen zur Haftung und Ladungssicherung enthalten. Fahrzeugführer und -halter sind verpflichtet, den verkehrs- und betriebssicheren Zustand des beladenen Fahrzeugs nachzuprüfen, sicherzustellen und erforderlichenfalls Nachbesserungen zu veranlassen oder notfalls die Durchführung des Transportauftrages abzulehnen. Der Verlader kann auch gleichzeitig Absender sein und trägt die Verantwortung für die beförderungssichere Verladung der Güter auf den Fahrzeugen, Containern oder Wechselbrücken. Näheres wird im HGB §§ 411ff. geregelt. Der Verantwortungsbereich des Verladers beginnt mit der Geschäftsführung und erstreckt sich z. B. über den Versandleiter, den Lagermeister und den Ausführungsgehilfen wie den Gabelstaplerfahrer.

Der Verlader muss seine Mitarbeiter, die verantwortlich für ihn tätig sind, in die entsprechende Tätigkeit einweisen und hat für eine Aus- und Weiterbildung im Bereich der Ladungssicherung zu sorgen. Die Ausführung der übertragenen Aufgaben hat er zu kontrollieren.

Dem Verlader kann keine Schuldzuweisung gemacht werden, wenn eine im Verlauf des Transportes durchgeführte Teilent- oder -beladung durchgeführt wird. Hier hat der Verlader keinen Einfluss mehr auf die ordnungsgemäße Ladungssicherung. In solchen Fällen haftet der Kraftfahrer bzw. an der weiteren Beladestelle der entsprechende Verlader.

Fazit: Verlader und Fahrzeugführer sollten in allen Bereichen der Ladungssicherung eng zusammenarbeiten und sich nicht in Kompetenzgerangel auseinandersetzen.

1.5.3 Verantwortlichkeiten Fahrzeughalter

Für die jeweilige Ladung muss der Fahrzeughalter ein geeignetes Fahrzeug zur Verfügung stellen. Er muss sich über das Transportgut und dessen ordnungsgemäße Ladungssicherung informieren, hat Informationspflichten gegenüber dem Fahrzeugführer in Bezug auf Besonderheiten und Gefahren der Ladung und hat geeignete Fahrzeugführer einzusetzen. Diese müssen in der Lage sein, die Ladungssicherung durchführen zu können. Fahrzeughalter sind zu regelmäßigen Kontrollen verpflichtet, z. B. durch gelegentliche Inaugenscheinnahme. Diese Aufgaben können delegiert werden auf z. B. Fuhrparkleiter oder Betriebsleiter, die dann nach § 9 (2) Ordnungswidrigkeitengesetz (OWiG) ausdrücklich damit beauftragt wurden (beauftragte Person). Nach § 130 OWiG hat der Fahrzeughalter jedoch eine Überwachungspflicht gegenüber den beauftragten Personen.

Für das Bereitstellen der ordnungsgemäßen und richtigen Ladungssicherungsmittel ist er ebenfalls verantwortlich. Auch hat er z. B. Arbeitsanweisungen in Bezug auf Ladungssicherung zu erstellen und den Fahrzeugführer in die Gegebenheiten des Fahrzeugs einzuweisen.

1.5.4 Verantwortlichkeiten Absender

Im § 412 HGB sind die Absenderaufgaben in Bezug auf das Verladen und Entladen beschrieben. Es gibt jedoch noch weitere Verpflichtungen, die indirekt aus dem § 411 HGB hervorgehen. Zum Beispiel muss sich das Ladegut in einem beförderungsfähigen Zustand befinden.

Beispiel Baumaschinen: An Kleinbaggern fehlen häufig die Anschlagpunkte oder sie sind ungenügend angebracht. So werden oft Querstreben mit Zurrgurten umwickelt, was jedoch nicht richtig ist.

Beispiel Stückgüter: Stückgüter (Kanister, Fässer, Kartons usw.) sind häufig auf Paletten gestellt und nicht gesichert. Wenn doch etwas umwickelt oder gebändert wurde, glaubt der Absender, das sei schon eine Ladungssicherung. Dabei ist nur eine Umschlagsicherung vorgenommen worden. Hier sind die Absender/Halter gefragt, Zurrpunkte oder Möglichkeiten zu schaffen, um dem Fuhrmann/Kraftfahrer die Ladungssicherung zu ermöglichen.

1.5.5 Weitere Verantwortliche

Weitere **Verantwortliche** können zudem noch sein:

- Entscheider für die Transportverpackung
- Gefahrgutbeauftragter
- Versanddisponenten
- Besteller von Fahrzeugen und Hilfsmitteln zur Ladungssicherung
- Versandleiter

1.5.6 Urteile

1. Neben dem Fahrzeugführer und dem Fahrzeughalter ist insbesondere derjenige für die Ladungssicherung verantwortlich, der unter eigener Verantwortung verladen hat (OLG Stuttgart, 27.12.1982 – Iss 858/82).
2. Die Mitwirkung des Fahrpersonals entbindet den Absender nicht von seiner Verantwortung für die Beladung (BGH-Urteil vom 28.05.1971).
3. Die Beladung ist nur verkehrssicher, wenn sie auch der durch einen Dritten ausgelösten Notbremsung standhält. (OLG Düsseldorf, 2.4.1984, 1 U 116/83, MDR 84, 945)
4. Verantwortlichkeit des Halters für die Ausrüstung des Fahrzeugs
   Grundsatzurteil zum Halterverstoß gem. § 31 Abs. 2 StVZO
   Unter sachgerechter Sicherung der Ladung ist ihr Verstauen nach den in der Praxis anerkannten Regeln des Speditions- und Fuhrbetriebs zu verstehen. Der Inhalt der VDI-Richtlinie 2700 „Ladungssicherung auf Straßenfahrzeugen“ umfasst die gegenwärtig technisch anerkannten Beladungsregeln und ist deshalb allgemein zu beachten. (OLG Düsseldorf, Beschluss vom 18.7.1989 – 5 Ss (OWi) 274/89 – (OWi) 111/89 I)

Weitere Urteile finden Sie im Internet unter https://www.klsk.de/.

1.6 HAFTUNGSFRAGE

Bei der Haftungsfrage für Güterschäden (Gefährdungshaftung) muss der Unternehmer gegebenenfalls einen Entlastungsbeweis führen. Das kann durch schriftlich festgehaltene Vorbehalte bei Übernahme des Gutes sein oder durch den Nachweis von Beladungsfehlern des Absenders/Beförderers.

1.7 FÜRS GEDÄCHTNIS

- ✔ Eine Reihe von **Rechtsvorschriften, Richtlinien und Normen** trifft direkt oder indirekt Aussagen zur Ladungssicherung.
- ✔ **VDI-Richtlinie 2700** umfasst die gegenwärtig technisch anerkannten Beladungsregeln und ist allgemein zu beachten.
- ✔ Für die Ladungssicherung ist derjenige verantwortlich, der verlädt. Den **Fahrzeugführer** treffen jedoch die **meisten Verantwortlichkeiten** (z. B. kontrollieren, nachsichern, Fahrweise anpassen).
- ✔ Auch Verlader, Halter, Absender u. a. tragen **Verantwortung**.
- ✔ Bei Nichtbeachtung von Vorschriften drohen **Strafen** (mindestens Bußgelder und Punkte).

1.8 KONTROLLFRAGEN

1. Welche Pflichten hat der Kraftfahrer nach Auffassung der geltenden Rechtsprechung?

- ❑ A Er muss die Straßenverkehrs-Ordnung vor Fahrtantritt lesen.
- ❑ B Er muss die VDI und DIN EN mitführen.
- ❑ C Er muss die Verkehrssicherheit von Fahrzeug und Ladung vor Fahrtantritt kontrollieren und ggf. nachsichern.
- ❑ D Er muss das OWiG lesen.

2. Wer ist für die Beschaffenheit der Fahrzeuge gemäß § 30 StVZO verantwortlich?

- ❑ A Der Verlader
- ❑ B Der Fahrzeugführer
- ❑ C Der Hersteller des Fahrzeugs
- ❑ D Der Halter

3. Wer ist für das richtige Ausrüsten der Fahrzeuge mit Zurrmitteln verantwortlich?

- ❑ A Der Halter
- ❑ B Der Fahrzeugführer
- ❑ C Der Disponent
- ❑ D Der Verlader

4. Neben dem Fahrzeugführer und dem Fahrzeughalter ist insbesondere derjenige für die Ladungssicherung verantwortlich, der unter eigener Verantwortung verladen hat. Wer ist das?

- ❑ A Die Berufsgenossenschaft für Transport und Verkehrswirtschaft
- ❑ B Der Verlader, der gemäß § 9 OWiG dazu beauftragt wurde
- ❑ C Der Disponent
- ❑ D Der Gabelstaplerfahrer

2 PHYSIKALISCHE GRUNDLAGEN

2.1 KRÄFTE

Aus den Betriebszuständen beim Fahren entstehen durch Beschleunigung, Bremsen oder Kurvenfahren Massenkräfte wie Beschleunigungs-, Verzögerungs-, Flieh- und Vertikalkräfte, die im Schwerpunkt der Ladung wirken und diese bei mangelnder Sicherung auf der Ladefläche verrutschen, umfallen, verrollen, durch vertikale Kräfte wandern oder von der Ladefläche fallen lassen. Durch ungünstige Beladung kann das Fahrzeug sogar umschlagen. Dadurch können z. B. Gefahrgutumschließungen so stark beschädigt werden, dass Gefahrgut frei wird. Bei der Sicherung der Ladung muss davon ausgegangen werden, dass folgende Kräfte aufgenommen werden müssen:

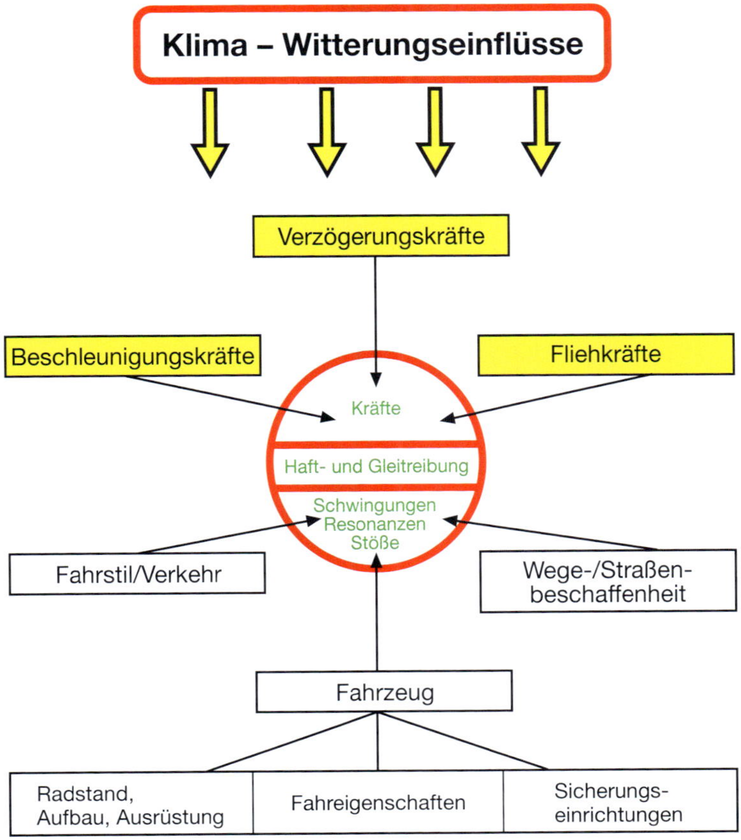

Bild 2.1

2.1 Kräfte

Zur richtigen Dimensionierung der Ladungssicherung müssen die auftretenden Kräfte vorab berechnet werden.

Zur besseren Verständlichkeit werden deshalb einige physikalische Grundlagen vorausgeschickt. Hierzu ist die Begriffsabgrenzung von Gewicht und Masse zu Gewichtskraft und Massenkraft notwendig *(→ Kap. 2.1.1 ff.)*.

Eine Übersicht über die im Buch verwendeten Zeichen und Abkürzungen siehe Seite 159.

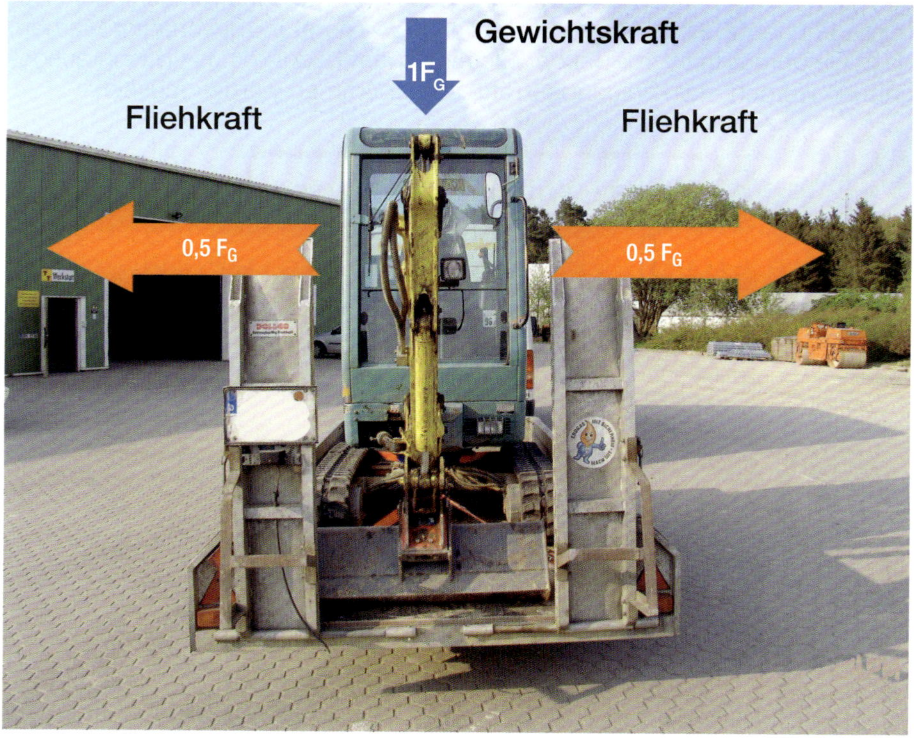

Bild 2.2

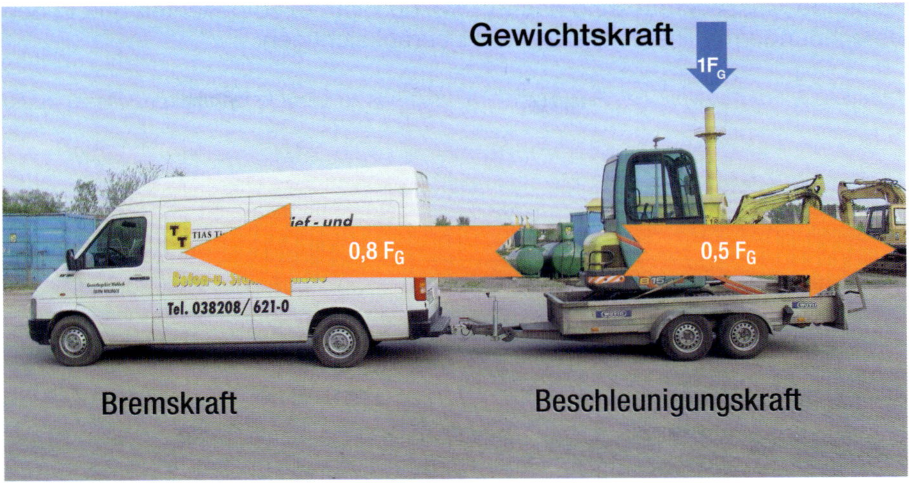

Bilder 2.2 u. 2.3: Maximale Massenkräfte der Ladung, die bei der Ladungssicherung auf Pritschenwagen/Anhänger zu berücksichtigen sind

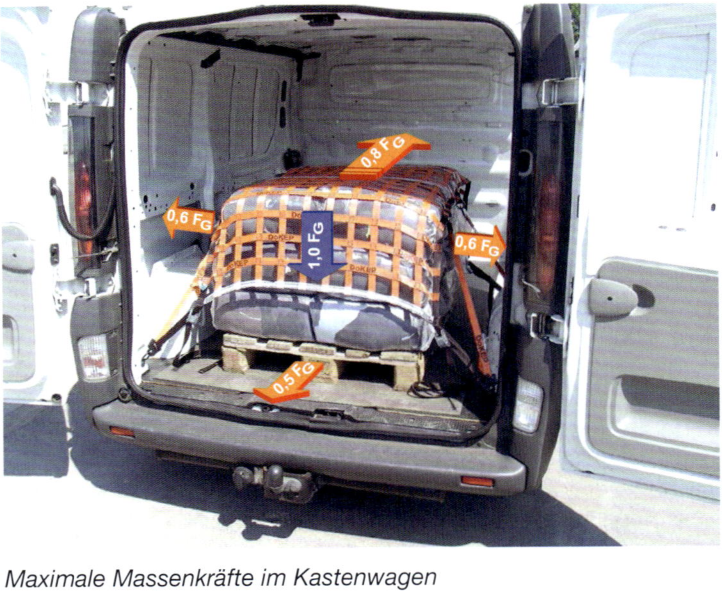

Bild 2.4: Maximale Massenkräfte im Kastenwagen

2.1 Kräfte

Folgende Massenkräfte sind nach VDI 2700 Blatt 16 zu beachten und in den Berechnungen in Themenbereich 5 zu berücksichtigen.

Tabelle 2.1: Für den üblichen Fahrbetrieb mindestens zu berücksichtigende Massenkräfte

Zulässige Gesamtmasse / Massenkräfte	zGM bis einschließlich 2,0 t	zGM von 2,0 t bis einschließlich 3,5 t	zGM von über 3,5 t
In Fahrtrichtung	$0{,}9 \times F_G$	$0{,}8 \times F_G$	$0{,}8 \times F_G$
Entgegen der Fahrtrichtung	$0{,}5 \times F_G$	$0{,}5 \times F_G$	$0{,}5 \times F_G$
In Querrichtung	$0{,}7 \times F_G$	$0{,}6 \times F_G$	$0{,}5 \times F_G$

Anmerkung: Durch fahrzeugbezogene, ladungsabhängige und fahrdynamische Einflussfaktoren können diese Massenkräfte höher liegen.

2.1.1 Gewichtskraft

$$F_G = m \cdot g$$

- Die Gewichtskraft ist die Kraft, mit der ein Körper von der Erde angezogen wird. Sie wird in N (Newton) bzw. daN (Dekanewton) angegeben und errechnet sich wie folgt: Masse in kg · Erdbeschleunigung in m/s^2, ($F_G = m \cdot g$). Die Erdbeschleunigung „g" beträgt ca. 9,81 m/s^2. Wählt man als Maßeinheit daN für die Gewichtskraft F_G (1 daN = 10 N), so lässt sich die Berechnung weiter zahlenmäßig vereinfachen. Eine Ladung mit der Masse von 500 kg ergibt somit eine Gewichtskraft von ca. 500 daN.
- In Längsrichtung nach vorn (aus Bremsvorgängen) wirkt das 0,8fache der Gewichtskraft der Ladung, z. B. bei einer Ladung von 1000 kg immerhin 800 kg. Einige modernere Fahrzeuge erreichen sogar bis zu 1 F_G.
- In Querrichtung (bei Kurvenfahrten) und Längsrichtung nach hinten (beim Anfahren) wirkt das 0,5fache der Gewichtskraft der Ladung; bei einer Ladung von 1000 kg immerhin 500 kg.
- In vertikaler Richtung nach oben und unten treten durch Schwingungen und Stöße (z. B. durch starke Unebenheiten der Fahrbahn) Beschleunigungen an der Ladung auf. Durch die senkrecht nach oben gerichteten Kräfte wird bewirkt, dass sich die Reibung verringert und dadurch ein Verschieben der Ladung begünstigt wird. In der europäischen Normung wird derzeit ein vertikaler Wert von $0{,}8 \cdot F_G$ diskutiert.

Zusammenfassung:

Bei einem Ladungsgewicht von 1000 kg wirken folgende Kräfte:

Beim Abbremsen	$0{,}8 \cdot 1000$ daN	= 800 daN
Beim Anfahren	$0{,}5 \cdot 1000$ daN	= 500 daN
Bei Kurvenfahrt	$0{,}5 \cdot 1000$ daN	= 500 daN

2.1.2 Fliehkraft

$$F_q = \frac{m \cdot v^2}{r}$$

Die Fliehkraft eines Körpers, auch Querkraft genannt, ist die Kraft, mit der er bei einer Bewegung auf einer Kreisbahn vom Mittelpunkt weggezogen wird. Die Fliehkraft ist abhängig:

- von der Größe der Masse, je größer die Masse, desto größer die Fliehkraft
- von der Geschwindigkeit, mit zunehmender Geschwindigkeit wächst die Fliehkraft im Quadrat
- vom Kurvenradius, je kleiner der Kurvenradius, desto größer die Fliehkräfte bei konstanter Geschwindigkeit.

2.1.3 Massenkraft (Trägheitskraft)

$$F_I = m \cdot a$$

Aufgrund der Massenträgheit hat die Ladung das Bestreben, sich den Änderungen des Bewegungszustandes zu widersetzen. Diese Massenkraft bezeichnet man auch als Trägheitskraft oder bei Kurvenfahrten als Fliehkraft.

Wie verhält sich nun die Ladung beim **Anfahren**? Aufgrund des Beharrungsvermögens (Trägheitsgesetz) hat die Ladung das Bestreben, dem Beschleunigungsvorgang nicht zu folgen. Die von der Ladung ausgehende Trägheit ist also eine der Anfahrrichtung entgegengesetzte Kraft.

Wie verhält sich die Ladung beim **Bremsen**? Hat das Fahrzeug mit seiner Ladung eine bestimmte Fahrgeschwindigkeit erreicht, wollen Fahrzeug und Ladung auch hier aufgrund ihres Beharrungsvermögens diese beibehalten. Bremst nun das Fahrzeug ab (negative Beschleunigung), hat die Ladung das Bestreben, die Geschwindigkeit (positive Beschleunigung) und die Richtung beizubehalten. Dass sich die Ladung nicht sofort in Bewegung setzt, hängt von der Reibungskraft ab. Diese Widerstandskraft F_R hält die Ladung auf der Ladefläche bis zu einem bestimmten Grad fest.

2.1.4 Normalkraft

$$F_N = m \cdot g \cdot \cos \alpha$$

Darunter versteht man die Kraft, mit der ein Körper senkrecht auf das Fahrzeug gedrückt wird.

Bei allen Berechnungen wird derzeit die Normalkraft berücksichtigt.

2.1.5 Hangabtriebskraft

$$F_H = m \cdot g \cdot \sin \alpha$$

Die Hangabtriebskraft steigt mit zunehmendem Neigungswinkel α.

Bei einer Vollbremsung wirkt die Kraft entsprechend hangabwärts stärker als hangaufwärts. Beispiel: Eine Gewichtskraft von 1000 daN würde bei einer Normalkraft mit einer Bremskraft 0,8 F_G nach vorn wirken, also mit 800 daN. Berücksichtigt man jetzt die Hangabtriebskraft bei einem Gefälle von 12 % (= 6,8°; sin α = 0,119), so würde eine zusätzliche Kraft, die Hangabtriebskraft, von 119 daN entstehen.

Das würde bedeuten, dass die Ladung im Gefälle durch die Hangabtriebskraft zusätzlich mit zu berücksichtigen ist. Also in diesem Beispiel mit 919 daN in Fahrtrichtung.

2.1.6 Reibung und Reibkraft

$$F_R = \mu \cdot F_G$$

Die Reibkraft ist eine Widerstandskraft gegen das Verschieben eines Körpers auf einer Unterlage, z. B. zwischen Ladegut und Ladefläche. Sie wird physikalisch durch den Gleitreibbeiwert μ (sprich: mü) maßgeblich beeinflusst. Haben die Körper auf der Unterlage unterschiedlich große Auflageflächen, verändert sich jedoch nicht die Zugkraft. Das heißt: Die Reibkraft ist unabhängig von der Größe der Reibfläche. Man unterscheidet zwischen drei Arten von Reibungskräften: der Haftreibung (Widerstandskraft, die ein ruhender Körper dem Verschieben auf seiner Unterlage entgegensetzt), der Gleitreibung (Widerstandskraft, die ein bewegter Körper dem weiteren Verschieben auf seiner Unterlage entgegensetzt) und der Rollreibung (Widerstandskraft, die ein bewegter Körper dem Wegrollen auf seiner Unterlage entgegensetzt). Es ist unter Umständen die „Mischreibung" und die „Reibung bei verunreinigten Kontaktflächen" mit zu berücksichtigen. Bei der Mischreibung ist der kleinste Gleitreibbeiwert der Materialpaarung anzunehmen. Die Reibung bei verunreinigten Kontaktflächen ist ähnlich der Rollreibung. Hier ist die Ladefläche grundsätzlich vor der Beladung zu reinigen.

Wie wird dieser Wert μ (Gleitreibung) bei der Ladungssicherung berücksichtigt?

Beispiel: Ein Gleitreibbeiwert μ von 0,39 bedeutet, dass eine Kraft von 423 daN nötig ist, um eine Ladung von 1028 kg (1008,4 daN) auf der Ladefläche zu verschieben. Es müssen also noch 585,4 daN, die nicht durch Reibung gesichert sind, zusätzlich gesichert werden. Bei der Festlegung des Gleitreibbeiwertes (→ *Tabellen 2.2 und 2.3*) sollte im Zweifelsfalle ein geringerer Gleitreibbeiwert veranschlagt werden.

$$\mu = \frac{0{,}95 \cdot \text{Zugkraft}}{\text{Gewichtskraft}} \qquad \mu = \frac{0{,}95 \cdot 423}{0{,}981 \cdot 1028} \qquad \mu = \frac{401{,}8}{1008{,}4} \qquad \mu = 0{,}39$$

Bild 2.5/2.6: Eine 1000 kg schwere Palette wird mit einer Zugvorrichtung über die Fahrzeugladefläche gezogen. In diesem Versuch sind ca. 360 daN (ca. 360 kg) Zugkraft nötig, um die Palette zu ziehen. Somit beträgt der Gleitreibbeiwert μ = 0,36 (→ folgendes Messdiagramm).

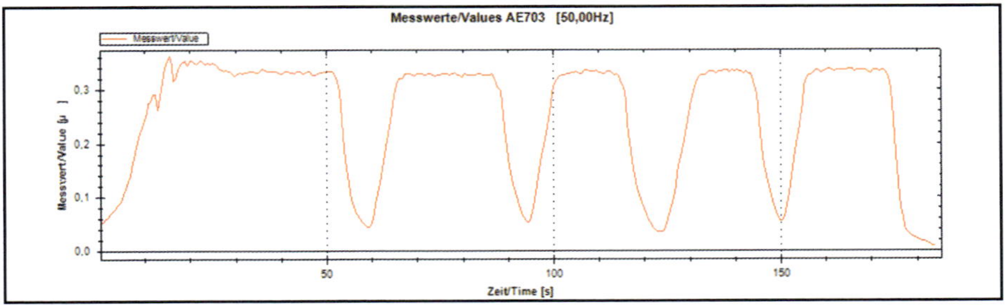

Tabelle 2.2: Durch den Autor im Versuch ermittelte Rollreibbeiwerte

Materialpaarung	μ im Versuch
Rundhölzer auf rauher Unterlage	0,20
Rundhölzer auf Holz/Stahl	0,10
Luftbereifte Räder auf Holz/Stahl	0,02
Rohre auf Hartholz	0,02
Stahlräder auf Schienen bzw. Stahl	0,01

Tabelle 2.3: Gleit-Reibbeiwerte nach DGUV Information 214-083

Reibpaarung		Empfohlene Gleit-Reibbeiwerte μ
Ladefläche	**Ladungsträger/Ladegut**	
Sperrholz, melaminharz-beschichtet, glatte Oberfläche	Europaletten (Holz)	0,20
	Gitterboxpaletten (Stahl)	0,25
	Kunststoffpaletten (PP)	0,20
Sperrholz, melaminharz-beschichtet, Siebstruktur	Europaletten (Holz)	0,25
	Gitterboxpaletten (Stahl)	0,25
	Kunststoffpaletten (PP)	0,25
Aluminiumträger in der Ladefläche – Lochschienen	Europaletten (Holz)	0,25
	Gitterboxpaletten (Stahl)	0,35
	Kunststoffpaletten (PP)	0,25

2.1.7 Sicherungskraft

$$F_S = F_{l,\,q} - F_R$$

Die Sicherungskraft F_S ist die Kraft, die von den Sicherungsmitteln aufgenommen werden muss, um ein Verrutschen oder Kippen der Ladung zu verhindern. Die aufzubringenden Kräfte, mit denen die Ladung zu sichern ist, errechnen sich aus der Massenkraft minus Reibungskraft.

2.1.8 Vorspannkraft

$$F_{iS} = \frac{(f_{lv} - \mu \cdot f_v)}{\mu \cdot \sin\alpha} \cdot \frac{F_G}{k}$$

Die Vorspannkraft wird durch die Zurrmittel erreicht. Durch die Erhöhung des Anpressdruckes wird die Reibung größer und die Ladung wird dadurch auf der Ladefläche gehalten. Die notwendige Vorspannkraft ist ebenfalls vom Zurrwinkel α abhängig, der zwischen Ladefläche und Zurrmittel liegt.

Das lässt sich aber nur beim Niederzurren anwenden.

Tabelle 2.4: Sinuswerte

Zurrwinkel α	sin α
90°	1,00
80°	0,98
70°	0,94
60°	0,87
50°	0,77
40°	0,64
30°	0,50

2.2 STANDFESTIGKEIT (KIPPSICHERHEIT)

Bei der Ladungssicherung ist die Standsicherheit oder auch seitliche Kippsicherheit des Ladegutes im Wesentlichen mit zu berücksichtigen. Ob ein Ladegut standsicher ist, liegt an der Höhe des Schwerpunktes und an der jeweiligen Breite.

Bild 2.7: Markierung des Schwerpunkts

Das Ladegut ist standsicher, wenn die Schwerpunkthöhe kleiner ist als die halbe Breite seiner Grundfläche, bei Ladegütern mit kreisförmigen Böden der halbe Durchmesser (= Radius).

Ladegüter, deren Schwerpunkt nicht mittig liegt, bedürfen besonderer Aufmerksamkeit. Deshalb sollten immer Symbole angebracht werden, die den Schwerpunkt markieren.

In besonders schwierigen Fällen müssen, um das Ladegut zu sichern, die Standfestigkeit und die Ladungssicherung nach VDI 2700 Blatt 2 berechnet werden.

Beispiel:

Stahlfass,

Höhe: 130 cm,

Breite: 60 cm

Schwerpunkthöhe (h_S): 65 cm

Radius (r): 30 cm

Somit ist die Schwerpunkthöhe größer als der Radius (65 cm zu 30 cm).

Das Stahlfass ist daher nicht standsicher.

Bei nicht standsicherer Ladung ist nach der VDI-Richtlinie 2700 Blatt 2 ein „Kippsicherheitsbeiwert" quer zur Fahrtrichtung sowie nach hinten mit $\gamma = 1{,}2$ zu den üblichen Transportbelastungen zu berücksichtigen. Dieser Wert wird mit dem jeweiligen Beschleunigungsbeiwert zur Seite und nach hinten mit 0,5 F_G multipliziert.

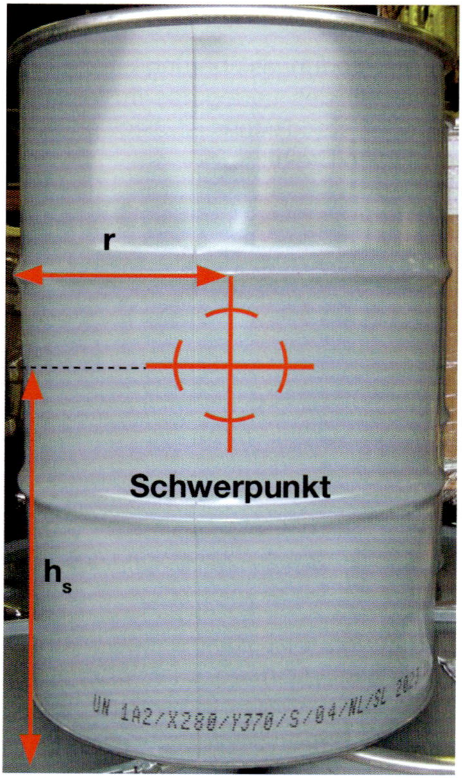

Bild 2.8

Ergebnis: 0,6 F_G

Auftretende Beschleunigungen in Fahrtrichtung infolge von Nickbewegungen werden in dieser Richtlinie nicht berücksichtigt ($\gamma = 1{,}0$), da sie auch von der Fahrzeugspezifikation abhängig sind.

2.3 FÜRS GEDÄCHTNIS

✔ Beim Fahrbetrieb wirken verschiedene **Kräfte** auf Fahrzeug und Ladung:

- **Gewichtskraft** – Kraft, mit der ein Körper von der Erde angezogen wird.
- **Fliehkraft** – Kraft, die einen Körper bei einer Kreisbewegung nach außen zieht.
- **Trägheitskraft** – wirkt beim Anfahren entgegen der Fahrtrichtung.
- **Trägheitskraft** – bewirkt beim Bremsen, dass die Ladung Richtung und Geschwindigkeit beibehalten will.
- **Reibkraft** – Widerstandskraft gegen das Verschieben eines Körpers auf einer Unterlage.

✔ Der **Gleitreibbeiwert μ** gibt indirekt an, welche Kraft nötig ist, um eine Ladung mit einem bestimmten Gewicht auf einer Unterlage (Ladefläche) zu verschieben.

✔ Ladung muss **immer gesichert** werden, egal wie schwer sie ist.

✔ Zur richtigen Dimensionierung der Ladungssicherung müssen **Kräfte berechnet** oder aus Tabellen **abgelesen** werden.

✔ Ein Ladegut ist **standsicher**, wenn die Schwerpunkthöhe kleiner ist als die halbe Breite seiner Grundfläche.

2.4 KONTROLLFRAGEN

1. Welche maximalen Massenkräfte der Ladung sind im Fahrbetrieb bei der Ladungssicherung im Kastenwagen über 2,0 bis 3,5 t zu berücksichtigen?

- ❑ A Nach vorn 0,7 F_G, zur Seite 0,5 F_G, nach hinten 0,7 F_G
- ❑ B Nach vorn 0,8 F_G, zur Seite 0,5 F_G, nach hinten 0,7 F_G
- ❑ C Nach vorn 0,8 F_G, zur Seite 0,6 F_G, nach hinten 0,5 F_G
- ❑ D Nach vorn 1,0 F_G, zur Seite 0,5 F_G, nach hinten 0,5 F_G

2. Die Reibung ist die Widerstandskraft gegen das Verschieben eines Körpers auf einer Unterlage, z. B. zwischen Ladegut und Ladefläche. Wodurch wird sie physikalisch maßgeblich beeinflusst?

- ❑ A Durch die Fahrgeschwindigkeit des Fahrzeugs
- ❑ B Durch den Gleitreibbeiwert μ
- ❑ C Durch Kurvenfahrten
- ❑ D Durch Vollbremsungen

3. Ein Gleitreibbeiwert μ von 0,4 bedeutet,

- ❑ A dass eine Kraft von 400 daN nötig ist, um eine Ladung von 1000 daN auf der Ladefläche zu verschieben.
- ❑ B dass 400 daN nur bei einer Vollbremsung berücksichtigt werden.
- ❑ C dass 400 daN nur ein Anhaltswert sind.
- ❑ D dass der Gleitreibbeiwert μ 400 beträgt.

4. Wovon ist die Fliehkraft abhängig?

- ❑ A Vom Kurvenradius. Je größer der Kurvenradius, desto größer die Fliehkräfte bei konstanter Geschwindigkeit
- ❑ B Von der Geschwindigkeit. Mit zunehmender Geschwindigkeit wächst die Fliehkraft im Quadrat
- ❑ C Von der Größe der Masse. Je größer die Masse, desto geringer die Fliehkraft
- ❑ D Weder Geschwindigkeit, Kurvenradius noch Massen haben Einfluss auf die Fliehkraft.

5. Das Schwerpunktsymbol auf einer Holzkiste befindet sich im oberen Drittel der Kiste. Was hat der Kraftfahrer zu beachten?

❏ A Nichts

❏ B Inwieweit die Standsicherheit der Ladung gefährdet ist. Quer zur Fahrtrichtung ist der Kippsicherheitsbeiwert $\gamma = 1{,}2$ gemäß VDI 2700 Blatt 2 mit zu berücksichtigen.

❏ C Das Schwerpunktsymbol ist nur bei Ladearbeiten wichtig.

❏ D Bei der Sicherung der Ladung muss zur Seite 1 g berücksichtigt werden.

3 ANFORDERUNGEN AN DAS TRANSPORTFAHRZEUG

3.1 FAHRZEUGAUFBAUTEN

Fahrzeugaufbauten müssen so beschaffen sein, dass sie das zu transportierende Ladegut sicher aufnehmen können. Die Fahrzeugstabilität wird oftmals überschätzt.

Eine gesetzliche Norm über die Festigkeit der Fahrzeugaufbauten gibt es nicht, bei der Prüfung nach § 29 StVZO ist dies auch kein Prüfkriterium.

Der Unternehmer sowie die Disposition sollten hier geeignete Fahrzeuge auswählen, um das Ladegut sicher transportieren zu können. Besonders zu beachten ist auch die Anhängelast der Fahrzeuge.

Bild 3.1: Selbst gebastelte Abstützungen zu benutzen ist unzulässig, da hier der Festigkeitsnachweis fehlt. Sollte die Ladung bei einem so durchgeführten Transport herabfallen, sind andere Verkehrsteilnehmer stark gefährdet.

3.2 BELASTBARKEIT DES AUFBAUS

3.2.1 Stirn- und Seitenwände (Pritschenaufbau)

Fahrzeugaufbauten müssen so beschaffen sein, dass sie das zu transportierende Ladegut sicher aufnehmen können. Da die Nutzfahrzeuge unter 3,5 t jetzt auch in der DIN EN 12642 aufgenommen wurden, gilt folgende Regelung: Bei Nutzfahrzeugen unter 3,5 t ist eine Aufbaufestigkeit der Stirnwand nach vorn von 40 %, der Rückwand von 25 % und der Seitenwände von 30 % der Nutzlast einzuhalten. Bei den Seitenwänden ist zu berücksichtigen, dass im Bereich der Bordwände 24 % und bei Spriegelaufbau 6 % als Werte zugrunde gelegt werden.
Diese Werte sind nur bei **formschlüssiger Verladung** mit zu berücksichtigen, **d. h., es muss direkt an die Bord- und Seitenwände heran geladen werden**. Besteht kein Formschluss, kann kinetische Energie frei werden und es kommt zwangsläufig zur Verformung des Aufbaus. Je höher die Fahrgeschwindigkeit, desto größer die Verformung bis hin zur Zerstörung des gesamten Aufbaus.

3.2 Belastbarkeit des Aufbaus

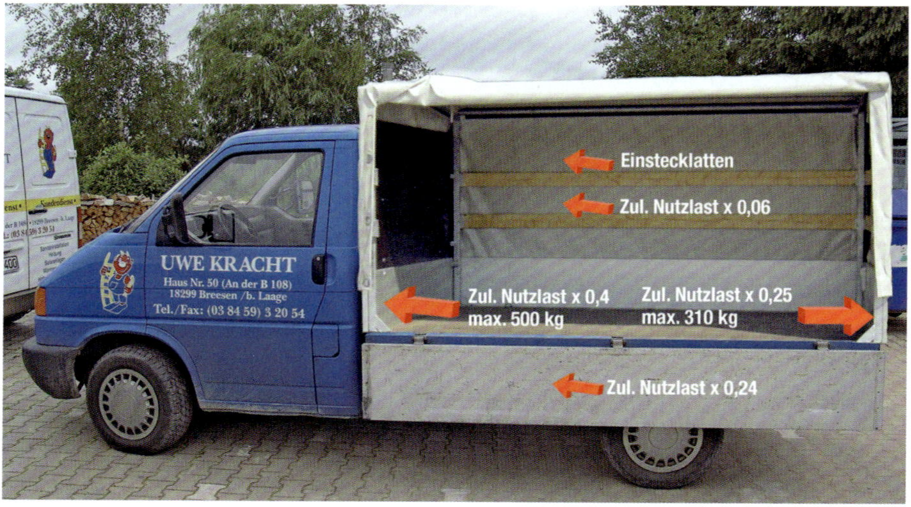

Bild 3.2: Die Belastbarkeit des Aufbaus sowie der Stirn- und Seitenwände wurde nun geregelt. Die Werte sind der DIN EN 12 642 für Fahrzeugaufbauten zu entnehmen. Das Bild ist eine Beispieldarstellung. Es wurde eine Nutzlast von 1250 kg angenommen.

Bild 3.3: Die Belastbarkeit des Fahrzeugaufbaus ist hier mit Sicherheit erreicht! Die Ladung wurde mit dem, was man finden konnte, schnell gesichert. Absolut unverantwortlich!

3.2.2 Rückhalteeinrichtung (Kastenwagen)

Für Aufbauten bei Kastenwagen mit einer Gesamtmasse bis 7,5 t ist die DIN ISO 27 956 zuständig. Die Rückhalteeinrichtung muss den Insassenraum vom Laderaum in gesamter Breite und Höhe abgrenzen. Beim Einsatz von Trenngittern oder Netzen dürfen keine Ladungsteile durch die Maschengröße von 50 mm x 10 mm frei durch diese Gitterstäbe oder Gurtbänder hindurchpassen. Bei der Rückhalteeinrichtung dürfen bleibende Verformungen von max. 300 mm auftreten, es dürfen jedoch keine scharfen Kanten oder Funktionsbeeinträchtigungen anderer Bauteile entstehen, die zu einer direkten Verletzung der Insassen führen könnten.

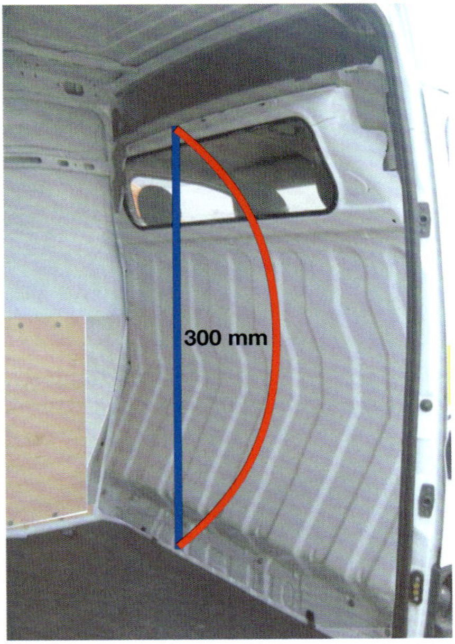

Bild 3.4: Eine Verformung bis zu 300 mn ist zulässig.

3.3 ZURRPUNKTE

Zurrpunkte an Nutzfahrzeugen (Pritschenfahrzeug und Anhänger) müssen der DIN EN 12 640 entsprechen. Bei Lieferwagen (Kastenwagen) bis 7,5 t zGM ist international die DIN ISO 27 956 maßgebend. Bei Pkw, Pkw-Kombi und Mehrzweck-Pkw ist die DIN ISO 27 955 anzuwenden. Der Unternehmer muss bei der Anschaffung der Fahrzeuge darauf achten, dass die Bauvorschriften eingehalten werden, damit die Ladung ordnungsgemäß gesichert werden kann (siehe § 30 StVZO). Wenn der Unternehmer das Fahrzeug nach den gültigen Normen und Richtlinien beim Fahrzeughersteller bestellt, hat dieser die Fahrzeuge entsprechend herzustellen.

3.3 Zurrpunkte

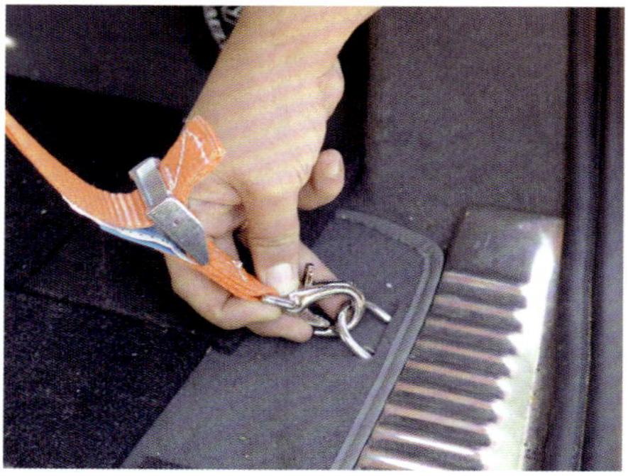

Bilder 3.5 u. 3.6: Dieser Zurrpunkt im Pkw-Kombi ist sehr gut nutzbar. Der Zurrring ist groß genug, um den Zurrgurthaken anzubringen.

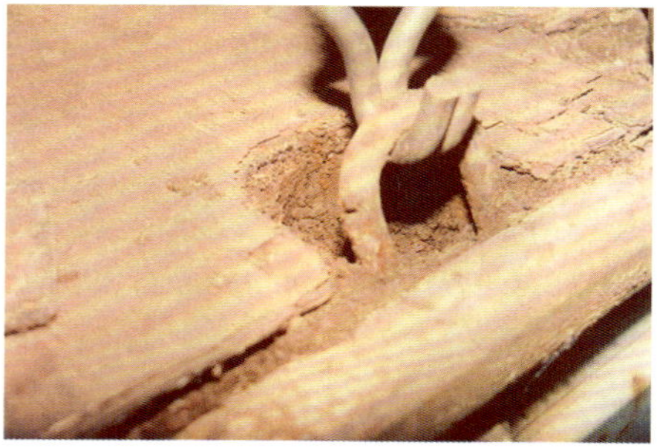

Bild 3.7: Beschädigter Zurrpunkt

Bild 3.8: Das ist kein Zurrpunkt.

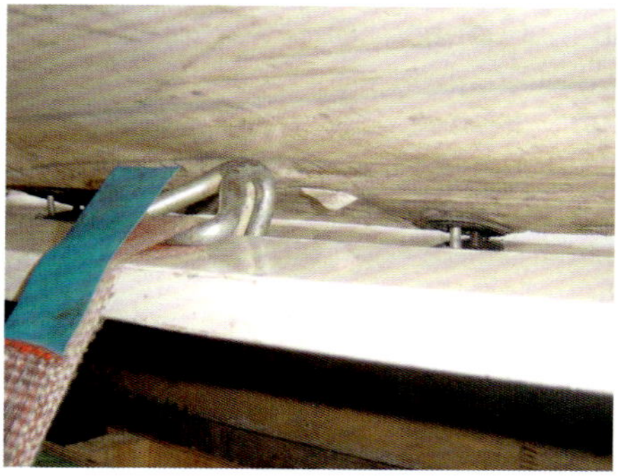

Bild 3.9: An der Bordwand? Das ist kein Zurrpunkt.

Bild 3.10: Zurrpunkt im Kastenwagen, Türbereich

Bild 3.11: Zurrpunkt im Kastenwagen oberhalb des Radkastens

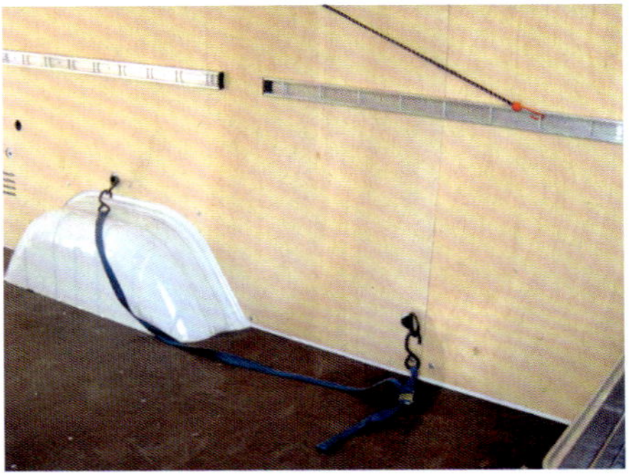

Bild 3.12: Zurrpunkt im Kastenwagen, Seitenwand

Bild 3.13: Zurrpunkt im Kastenwagen, Ladenflächenboden

Bild 3.14: Zurrpunkt am Pritschenaufbau

3.3 Zurrpunkte

Bilder 3.15 – 3.17: Dieser Hersteller hat die Zurrpunkte am Anhänger nicht normkonform gekennzeichnet. „Zur Ehrenrettung“ hat er vorn ein blaues Zurrpunktschild angebracht.

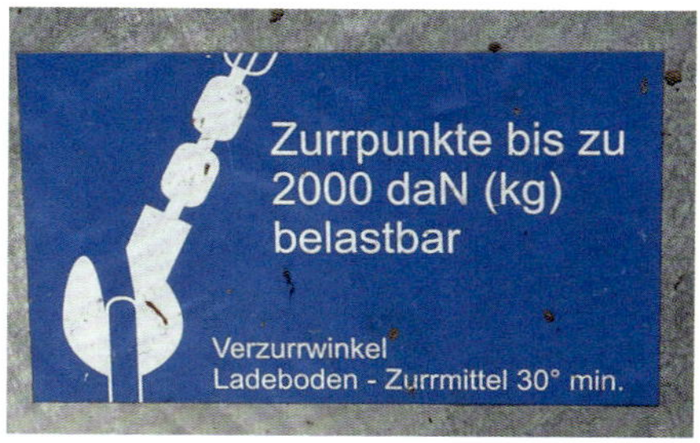

Bilder 3.18 u. 3.19: Dies ist eine Lösung, Zurrpunkte am Anhänger einzusetzen.

Bilder 3.20 u. 3.21: „Knoten verboten". Solche Bilder zeigen die Unkenntnis einiger Anwender.

3.3.1 Zurrpunktschild

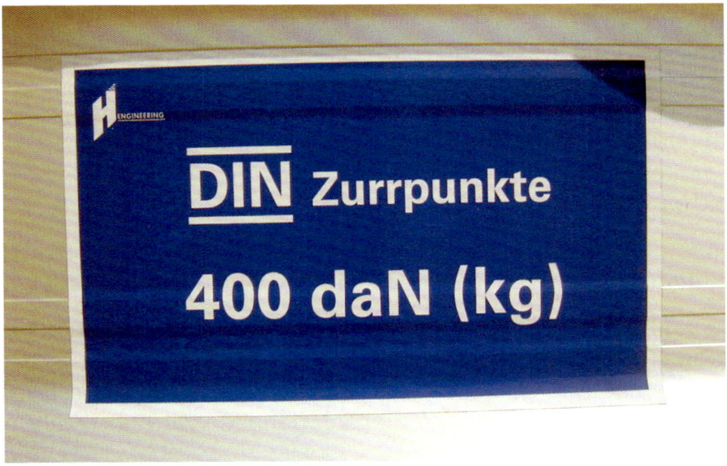

Bild 3.22: Das Zurrpunktschild sollte an gut sichtbarer Stelle am Fahrzeugaufbau angebracht sein.

3.3.2 Festigkeit der Zurrpunkte

Festigkeit der einzelnen Zurrpunkte im **Kastenwagen**:

- 800 daN bei Fahrzeugen mit einer zulässigen Gesamtmasse > 5,0 t; ≤ 7,5 t;
- 500 daN bei Fahrzeugen mit einer zulässigen Gesamtmasse > 2,0 t; ≤ 5,0 t;

- 400 daN bei Fahrzeugen mit einer zulässigen Gesamtmasse ≤ 2,0 t.

Festigkeit der einzelnen Zurrpunkte im Nutzfahrzeug **(Pritschenaufbau)**:

- 600 daN bei Fahrzeugen mit einer zulässigen Gesamtmasse > 0,75 t; ≤ 3,5 t;
- 400 daN bei Fahrzeugen mit einer zulässigen Gesamtmasse ≤ 0,75 t.

Festigkeit der einzelnen Zurrpunkte im **Pkw, Pkw-Kombi und Mehrzweck-Pkw**:

- 350 daN bei Personenkraftwagen.

3.3.3 Anzahl der Zurrpunkte bei Nutzfahrzeugen, Kastenwagen und Pkw

Die Anzahl der Zurrpunkte richtet sich nach Gewicht (Gesamtmasse) oder Ladeflächengröße.

Anzahl der Zurrpunkte am Nutzfahrzeug nach Ladeflächengröße

Zurrpunkte sollten so angeordnet sein, dass der in Längsrichtung gemessene Abstand von der Stirnwand vorn/hinten nicht mehr als 500 mm und der Abstand zwischen zwei benachbarten Zurrpunkten an einer Längsseite nicht mehr als 1000 mm beträgt. Im Bereich über den Achsen sollte er nicht über 1200 mm und möglichst eng an 1000 mm liegen.

Zurrpunkte in der Stirnwand

Die vordere Stirnwand eines Fahrzeugaufbaus sollte mit mindestens zwei Zurrpunkten ausgestattet sein. Die Zurrpunkte sind so anzuordnen, dass

a) der senkrechte Abstand der beiden Zurrpunkte von der Oberfläche der Ladefläche 1000 ± 200 mm beträgt;
b) der in Querrichtung gemessene Abstand von der seitlichen Begrenzung der Stirnwand her so klein wie möglich gehalten wird und nicht mehr als 250 mm beträgt.

Anzahl der Zurrpunkte im Kastenfahrzeug nach Ladeflächengröße und Gewicht

a) Bei Fahrzeugen mit einer Ladeflächenlänge von ≤ 1300 mm müssen mindestens 4 Zurrpunkte, davon 2 an jeder Längsseite, vorhanden sein.
b) Zurrpunkte sollten so angeordnet sein, dass der in Längsrichtung gemessene Abstand von der vorderen und hinteren Laderaumbegrenzung nicht mehr als 250 mm beträgt.

c) Der Abstand zwischen zwei benachbarten Zurrpunkten an einer Längsseite darf nicht mehr als 700 mm betragen. Dieser Richtwert kann überschritten werden, sollte dann aber nicht über 1200 mm sein.
d) Der Abstand von der seitlichen Laderaumbegrenzung muss $\leq$ 150 mm sein.

Beispiel: Formel zur Zurrpunktberechnung in Lieferwagen (Kastenwagen)

Die Anzahl der Zurrpunktpaare X muss durch das höchste Ergebnis der folgenden Berechnungen bestimmt werden.

Anzahl der Zurrpunktpaare (X) nach Nutzlast

- Nutzlast (P) des Fahrzeugs = 1250 kg
- Erdbeschleunigung g = 9,81 m/s^2

Gewichtskraft (F_G) = Nutzlast (P) · Erdbeschleunigung (g)

$F_G = 1250\ kg \cdot 9{,}81\ m/s^2$ $\qquad$ $F_G = 12.262{,}5\ N = 1226{,}25\ daN$

Die Festigkeit der einzelnen Zurrpunkte beträgt 600 daN (→ *Themenbereich 3.3.2*, Fahrzeug < 3,5 t).

$$n = \frac{0{,}75 \cdot P}{600\ daN} \qquad n = \frac{0{,}75 \cdot 1226{,}25}{600\ daN}$$

n = 1,53 Zurrpunktpaare, d. h. 2 Zurrpunkte an jeder Seite (aufgerundet).

Anzahl der Zurrpunktpaare nach Ladelänge in Metern

$$n = \frac{Ladelänge}{0{,}85} \qquad n = \frac{3{,}20\ m}{0{,}85\ m}$$

X = 3,76 Zurrpunktpaare, d. h. 4 Zurrpunkte an jeder Seite (aufgerundet).

Zurrpunktanordnung an Nutzfahrzeugen (Pritschenfahrzeug) nach DIN EN 12 640

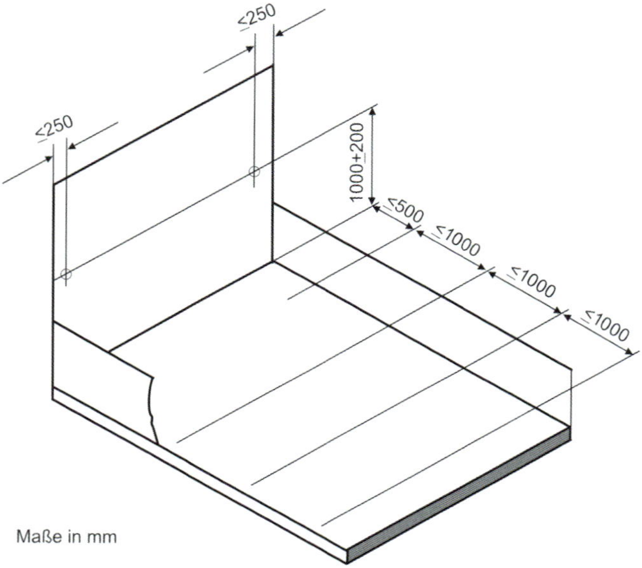

Bild 3.23: Zurrpunktabstände auf der Ladefläche (in mm)

Anzahl der Zurrpunkte im Personenkraftwagen

Bei Pkw, Pkw-Kombi und Mehrzweck-Pkw sind die Fahrzeuge im Kofferraum mit mindestens vier Zurrpunkten auszurüsten. Diese müssen paarweise, nach Möglichkeit gegenüberliegend, entlang der Längsseiten der Ladefläche angebracht sein. Wenn das Längenmaß der kleinsten Laderaumlänge kleiner als 700 mm ist, genügen auch 2 Zurrpunkte.

Die Zurrpunkte sollten möglichst dicht an der Außenkontur des Fahrzeugs angebracht sein. Der Abstand der Zurrpunkte in Längsrichtung der Ladefläche darf höchstens 1,2 m betragen.

3.4 BODENBELASTBARKEIT

Die Beanspruchung des Fahrzeugbodens unterliegt keiner besonderen Norm. Die geringste Tragfähigkeit sollte jedoch bei ca. 450 kg/m^2 liegen.

Um Ladeflächenschäden zu vermeiden, müssen schwere Transportgüter mit kleiner Auflagefläche bzw. Standfläche mit stabilen Bohlen oder Brettern unterlegt werden. Somit wird die Druckverteilung auf der Ladefläche verbessert.

Zu bedenken ist, dass beim Niederzurren nicht nur das Gewicht des Ladegutes auf die Ladefläche drückt, sondern auch die Vorspannkraft eines jeden Zurrmittels. Die maximale Bodenbelastbarkeit des Fahrzeuges kann allein dadurch schnell erreicht werden.

Bild 3.24: Ein solcher Fahrzeugboden ist sofort auszuwechseln. Dieser Bereich ist völlig zerstört.

Beispiel:

Der Einsatz von drei 50 mm breiten Zurrgurten mit normalen Spannratschen (jede erreicht bis zu 400 daN) führt dazu, dass zusätzlich zum Ladungsgewicht noch weitere 1200 daN Zurrkraft auf den Ladeflächenboden wirken.

3.5 RICHTIGE LASTVERTEILUNG

Der richtigen **Lastverteilung** sowie auch der Beschaffenheit der Fahrzeuge kommt eine besondere Bedeutung zu. So könnte das Fahrzeug bei falscher Beladung (z. B. Last zu weit nach vorn gestellt) leicht aus der Kurve getragen werden. Ist die Last zu weit nach hinten verladen, verlieren die Vorderräder eventuell die Bodenhaftung und das Fahrzeug würde geradeaus fahren. Bei Anhängerbetrieb findet beim Zugfahrzeug entgegengesetzte Belastung statt. Ganz zu schweigen von den Schäden, die an den Achsen durch Überschreitung der Achslasten hervorgerufen werden können. Auch sollte die Mindestachslast der Lenkachse nicht unterschritten werden. Der Ladungsschwerpunkt sollte bei fehlenden Lastverteilungsplänen möglichst immer auf der Längsmittellinie des Fahrzeugs liegen und so niedrig wie möglich gehalten werden.

3.5 Richtige Lastverteilung

Bild 3.25: Die Grenzen der Lastverteilung sind schnell erreicht. Die weit nach hinten herausragende Ladung sorgt dafür, dass die Vorderräder wenig Bodenhaftung bekommen. Die Absicherung nach hinten mit dem roten Tuch ist ebenfalls nicht zulässig.

Bild 3.26: Bei diesem Pkw stoßen Zuladung und Lastverteilung bereits hart ans Limit. Durch die Ladung auf dem Dachgepäckträger kommt noch ein hoher Schwerpunkt hinzu. Durch Umklappen der hinteren Sitzbank könnte der Kombi voll ausgeladen werden. Hier jedoch reicht bereits eine geringe Geschwindigkeit, um das Fahrzeug in einer Kurve ins Schleudern zu bringen.

3.5.1 Berechnung zur Lastverteilung

Der Gesamtschwerpunkt wird mit der Formel

$$S_{res} = \frac{m_1 \cdot S_1 + m_2 \cdot S_2 + m_3 \cdot S_3}{m_1 + m_2 + m_3}$$

ermittelt; dabei ist

- S_{res}: Abstand des Gesamtladungsschwerpunktes von der Stirnwand
- m: jeweiliges Gewicht (Masse) der Einzelgüter in [kg] oder [t]
- S: der Schwerpunktabstand des jeweiligen Ladegutes zur Stirnwand in [m]

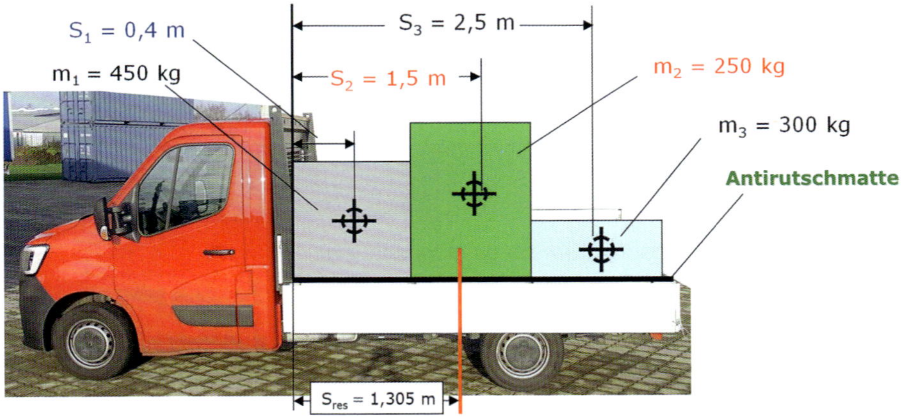

$$S_{res} = \frac{450\text{ kg} \cdot 0{,}4\text{ m} + 250\text{ kg} \cdot 1{,}5\text{ m} + 300\text{ kg} \cdot 2{,}5\text{ m}}{450\text{ kg} + 250\text{ kg} + 300\text{ kg}}$$

Bild 3.27: Beispiel für die Schwerpunktbestimmung

Die Berechnung ergibt, dass bei dieser Anordnung der Holzkisten der Gesamtschwerpunkt der Ladung von 1000 kg in einem Abstand von 1,305 m zur Fahrzeug-Stirnwand liegen würde. Überträgt man diese beiden Werte in den Lastverteilungsplan (→ *Bild 3.28*), so stellt man fest, dass man die Ladung in dieser Anordnung nicht auf dem Fahrzeug transportieren darf, denn bei 1,305 m Entfernung von der Stirnwand wären nur ca. 800 kg Beladung zulässig. Hier muss – z. B. durch Änderung der Holzkisten-Reihenfolge – anders geladen werden, so dass der Gesamtschwerpunkt in einem Abstand von ca. 1,49 m bis 2,05 m zur Stirnwand liegt.

3.5.2 Lastverteilungsplan

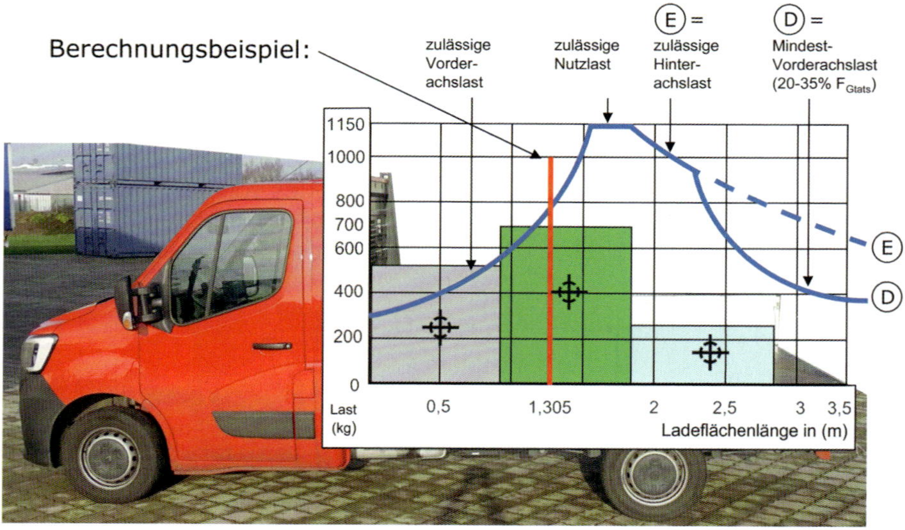

Bild 3.28: Lastverteilungsplan zum Berechnungsbeispiel

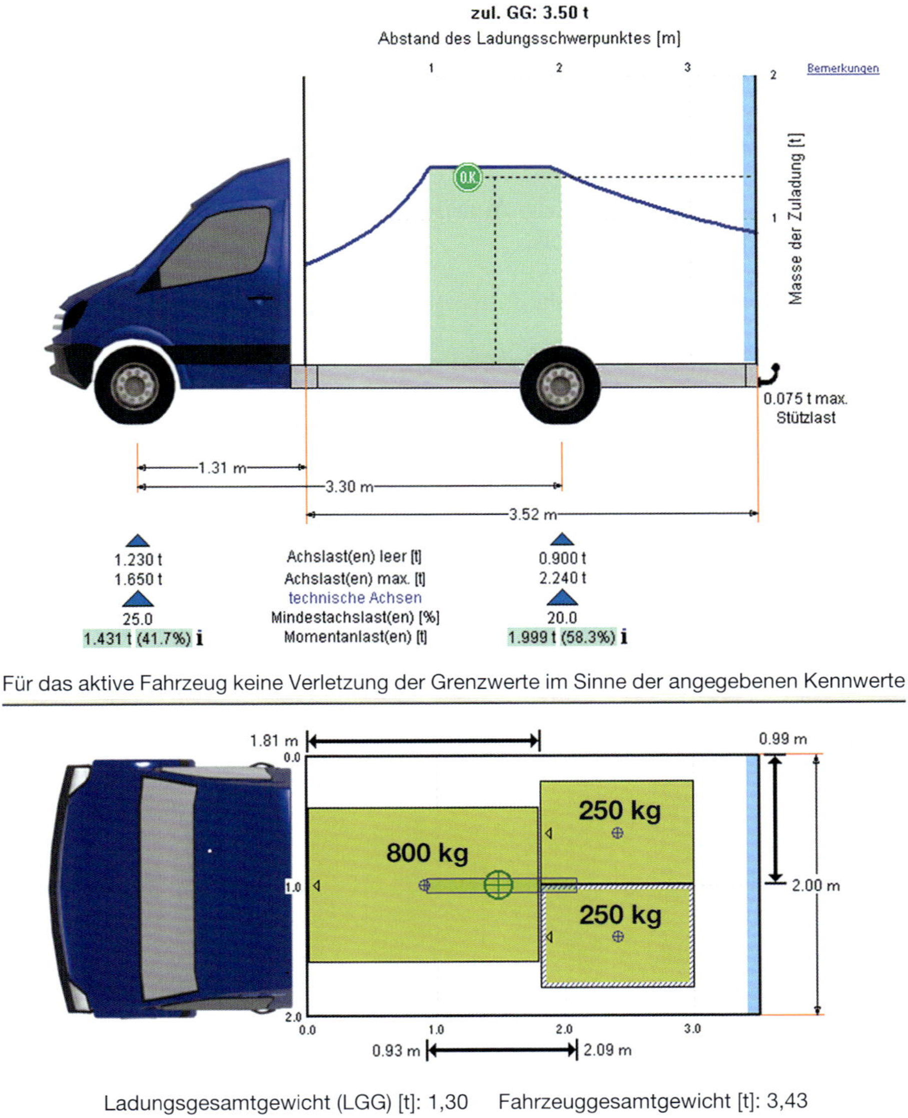

Bild 3.29: Eine richtige Lastverteilung beeinflusst das Fahrverhalten des Fahrzeugs nicht negativ. (Quelle: Download „Lastverteilungsplan" der BG Verkehr)

3.6 FÜRS GEDÄCHTNIS

✔ **Fahrzeugaufbauten** müssen das Ladegut sicher aufnehmen können.

✔ **Zurrpunkte an Nutzfahrzeugen** bis 3,5 t müssen der DIN EN 12 640 entsprechen.

✔ Der Fahrzeug**halter** ist für die **Ausrüstung** des Fahrzeugs mit **Zurrpunkten** verantwortlich.

✔ Der Fahrzeug**rahmen** ist als Zurrpunkt meist **nicht geeignet**.

✔ Das **Zurrpunktschild** am Fahrzeugaufbau enthält für die Ladungssicherung wichtige Angaben.

✔ Zur **Vermeidung von Schäden** am Fahrzeugboden schwere Güter mit kleiner Auflagefläche mit stabilen Brettern **unterlegen**.

✔ **Richtige Lastverteilung**: Ladungsschwerpunkt auf der Längsmittellinie und so niedrig wie möglich.

✔ **Lastverteilungsplan** beachten!

3.7 KONTROLLFRAGEN

1. Nennen Sie bei einem Pritschenfahrzeug bis 3,5 t Gesamtmasse die Belastbarkeit der Stirnwand.

❑ A Stirnwand 40 % der Nutzlast, jedoch max. 310 daN

❑ B Stirnwand 50 % der Nutzlast, ohne max. Belastungsgrenze

❑ C Stirnwand 25 % der Nutzlast, jedoch max. 500 daN

❑ D Es gibt keine vorgeschriebene Belastbarkeit von Stirnwand und Seitenwänden bei Pritschenfahrzeugen bis 3,5 t.

2. Welche Funktion hat die Stirnwand bei Kastenwagen bis 3,5 t?

❑ A Die Stirnwand hält 30 % der Nutzlast zurück, jedoch max. 310 daN.

❑ B Die Stirnwand hält 30 % der Nutzlast zurück, ohne max. Belastungsgrenze.

❑ C Bei der Rückhalteeinrichtung dürfen bleibende Verformungen von max. 300 mm auftreten. Durch Trenngitter oder Netze dürfen keine Ladungsteile in der Größe von 50 mm × 10 mm passen.

❑ D Die Stirnwand hält 40 % der Nutzlast zurück, jedoch max. 500 daN.

3. Die Belastbarkeit von Zurrpunkten bei Pritschenfahrzeugen unter 3,5 t ist in der DIN EN 12 640 beschrieben. Wie hoch ist die Festigkeit eines Zurrpunktes bei einem Fahrzeug mit einer zulässigen Gesamtmasse von über 2,8 t?

❑ A 350 daN

❑ B 500 daN

❑ C 800 daN

❑ D 400 daN

4. Wo sollte der Masseschwerpunkt einer Fahrzeugladung auf der Ladefläche liegen?

❑ A Formschlüssig an der Stirnwand

❑ B In der Mitte des gesamten Fahrzeugs

❑ C Möglichst in der Mitte der Ladefläche

❑ D Laut Lastverteilungsplan, längsmittig und so tief wie möglich

5. Im Kofferraum ihres Mehrzweck-Pkw sind 4 Zurrpunkte eingebaut. Welchen Festigkeitswert sollten diese besitzen?

❑ A Alle 4 zusammen 350 daN

❑ B Jeder einzelne 350 daN

❑ C Es gibt keine Norm für Mehrzweck-Pkw

❑ D Jeder einzelne 400 daN

4 ARTEN DER LADUNGSSICHERUNG

Die gängigsten Methoden der Ladungssicherung sind:

- Niederzurren (**kraftschlüssige** Ladungssicherung),
- Diagonalzurren, Schrägzurren, Horizontalzurren (**formschlüssige** Ladungssicherung),
- Festsetzen der Ladung mit Hilfe von Trennwänden, Klemmbalken, Ladegestellen, Netzen, Planen etc. oder
- die **Kombination** dieser Verfahren.
- Wann immer möglich, sollte die Ladung durch Anlegen (Formschluss) gegen die Stirn- oder Seitenwände oder Rungen des Fahrzeugs festgesetzt werden. Ladelücken sollen grundsätzlich vermieden werden. Sie können z. B. durch Zwischenstellen von Paletten ausgefüllt werden, oder aber das Ladegut wird mit Festlegehölzern und Keilen oder an Lochschienen festgesetzt.

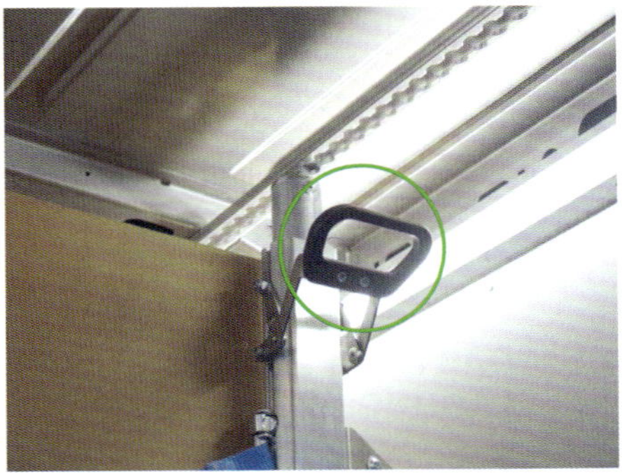

Bilder 4.1 und 4.2

Bilder 4.1 – 4.3: Durch Schienensysteme im Dach- und Bodenbereich lässt sich die Ladung mit Rückhaltestangen formschlüssig arretieren. Die Belastung der Rückhaltestangen muss dabei beachtet werden.

4.1 DAS NIEDERZURRVERFAHREN (KRAFTSCHLÜSSIGE LADUNGSSICHERUNG)

Diese Zurrart ist deshalb weit verbreitet, weil sie sich bei vielen Ladungen einfach realisieren lässt. Hier wird die Ladung kraftschlüssig durch Zurrmittel auf die Ladefläche gepresst und so durch die Reibungserhöhung am Verrutschen gehindert. Die Kraft, die über das Zurrmittel wirkt, bezeichnet man als **Vorspannkraft**. Sie wird durch die Spannelemente des Zurrmittels aufgebracht.

Die wichtigsten Einflussfaktoren beim Niederzurren sind:

- Gewicht der Ladung,
- Zurrwinkel α, gemessen zwischen dem Zurrmittel und der Fahrzeugladefläche.

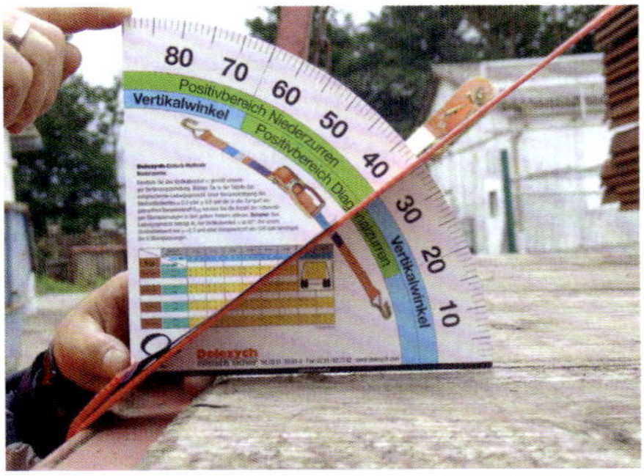

Bilder 4.4 u. 4.5: Mit einem Zurrwinkelmesser lässt sich der Winkel schnell und einfach ermitteln. Es ist jedoch darauf zu achten, dass er nicht unter 35° liegt, sonst wird nicht genügend Anpressdruck beim Niederzurren erreicht.

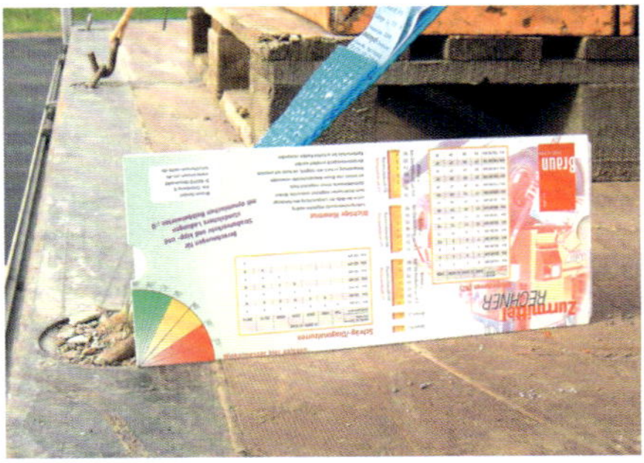

Bild 4.6: Winkelmesser der Firma Braun

Bild 4.7: Winkelmesser der Firma SpanSet

- Gleitreibbeiwert μ zwischen Ladegut und Fahrzeugfläche

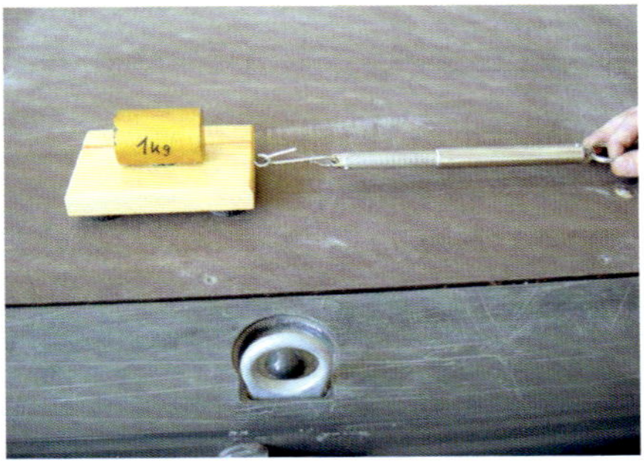

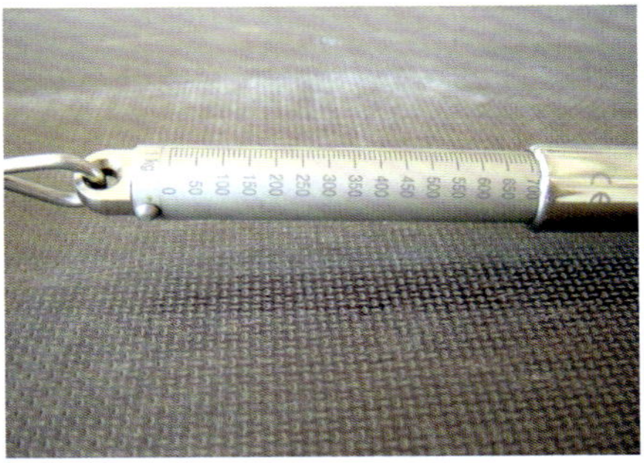

Bilder 4.8 u. 4.9: Der μ-Wert kann mittels einer Zugwaage grob eingeschätzt werden. Der Königsberger Ladungssicherungskreis hat im Internet (www.ladungssicherungs-kreis.de) eine Beschreibung dazu erstellt.

Dieser so gemessene μ-Wert *(→ Bilder 4.8 und 4.9)* weicht jedoch in der Messgenauigkeit ab, was auf unterschiedliche Messskalen der Zugwaagen, ungleichmäßige Zuggeschwindigkeiten und auch Materialpaarungsunterschiede zurückzuführen ist. In den VDI-Richtlinien und Europanormen sind mittlerweile genauere Messdaten zu finden. Sie können aber ebenfalls nur als Anhalt dienen. Nimmt man Bezug auf Tabellen, muss immer noch derjenige den μ-Wert entscheiden, der das Fahrzeug belädt.

Grundsätzlich ist der μ-Wert vor Ort an den Stellen der Ladefläche in Verbindung mit den Ladegütern zu ermitteln, an denen auch das Ladegut steht. Das heißt, werden Ladegüter infolge der Entladung umgestellt, muss neu ermittelt werden!

- Vorspannkraft in daN

Bild 4.10: Das Vorspannkraftmessgerät ist direkt an der Zurrgurtratsche angebaut. Messbereich von 0 – 1000 daN.

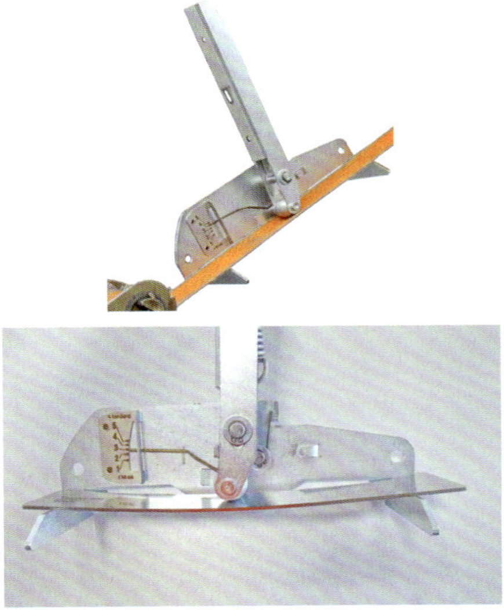

Bild 4.11: Messgerät mit einem Messbereich von 0 – 500 daN. Das Gerät lässt sich kalibrieren.

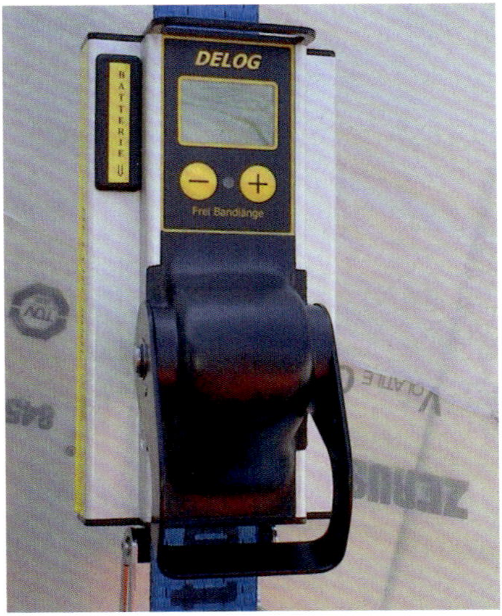

Bild 4.12: Messgerät für Zurrgurte mit Messbereich 0 – 1000 daN der Fa. SpanSet

Diese Vorspannkraftmessgeräte können am gespannten Gurt angesetzt werden. Nach Umlegen des Spannhebels kann man den Vorspannwert an der Skala ablesen.

Beim Niederzurrverfahren wird die zu sichernde Ladung mit Zurrmitteln überspannt. Die Zurrmittel müssen auf beiden Seiten der Ladefläche an geeigneten Zurrpunkten befestigt werden. Die Ratschen sollten abwechselnd angebracht werden, da an den Auflagen des Gurtes auf dem Ladegut Reibungsverluste entstehen. Somit wird an der gegenüberliegenden Seite der Ratsche eine geringere Vorspannkraft erreicht. Auch sollte die Vorspannkraft an allen Überspannungen gleich groß sein. Durch Verwendung von Gurtschonern/Kantenschonern wird nicht nur der Verschleiß des Gurtes verringert, sondern auch der Reibungsverlust gering gehalten. Nach VDI sind Zurrmittel mit nicht mehr als 50 % der zulässigen Zugkraft LC vorzuspannen.

Gurtschoner/Kantenschoner verringern Verschleiß des Gurtes und Reibungsverlust.

Ratschen wechselseitig anbringen, da zwischen Gurt und Ladegut Reibungsverluste entstehen.

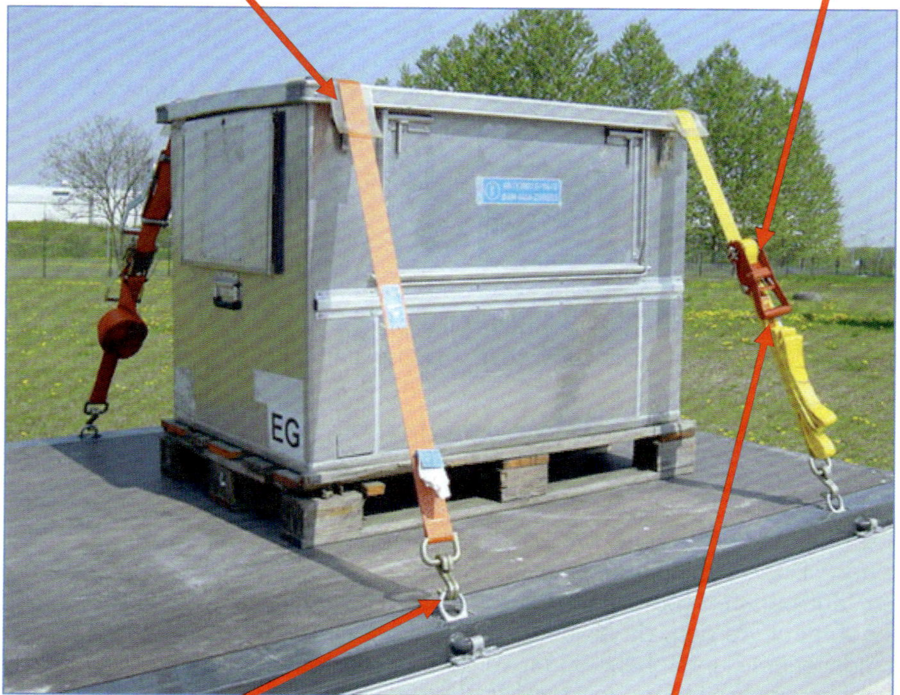

Die Zurrmittel müssen an geeigneten Zurrpunkten befestigt werden.

Zurrmittel mit nicht mehr als **50 % der maximalen Zugkraft** vorspannen.

Bild 4.13: Wie viele Zurrmittel verwendet werden müssen, hängt von den Einflussfaktoren beim Niederzurren ab.

*Bild 4.14: Ein Umreifen der Ladung auf der Palette allein ist keine ausreichende Ladungssicherung. Es muss immer eine **Verbindung zwischen Ladegut und Ladefläche** hergestellt werden.*

Die Verpackung des Ladegutes muss ebenfalls stabil genug sein, um dem Anpressdruck standzuhalten. Deshalb lässt sich nicht jedes Ladegut ohne weiteres niederzurren.

*Bild 4.15: Ein Beispiel, wie das Niederzurren **nicht** durchgeführt werden darf. Das Gitter gibt unter der Spannkraft des Zurrgurtes nach. Die Ladung bleibt somit ungesichert.*

Bilder 4.16 – 4.20: Diese Ladegüter lassen sich nicht oder nur unter Einsatz von Hilfsmitteln niederzurren.

*Bild 4.21: Solch flache Zurrwinkel sind zur Ladungssicherung **nicht** geeignet. Hinzu kommt noch, dass die Ratsche nicht über die Stahlkante geführt werden darf.*

Bild 4.22: Hier lässt sich das zu sichernde Ladegut ordnungsgemäß niederzurren. Die Kanthölzer zur Stirnwand sind ebenfalls zu sichern.

4.2 DAS DIAGONALZURRVERFAHREN (FORMSCHLÜSSIGE LADUNGSSICHERUNG)

Diese Zurrart findet viel zu selten und dann auch nur Anwendung bei sehr schweren Ladegütern. Diese werden trotz hohen Gewichts sicher auf der Ladefläche gehalten. Die verwendeten Zurrmittel werden wesentlich effektiver eingesetzt. Wie viele Zurrmittelpaare verwendet werden müssen, hängt hier ebenfalls, wie beim Niederzurren, von den Einflussfaktoren beim Diagonalzurren ab. Die wichtigsten Einflussfaktoren beim Diagonalzurren sind:

- Gewicht der Ladung,
- Gleitreibbeiwert μ,
- Zurrwinkel α, β. Der Zurrwinkel α sollte zwischen 20°–65° und der Zurrwinkel β zwischen 6°–55° liegen.

Bilder 4.23a – c: Zurrwinkel β sollte zwischen 6° und 55° und α zwischen 20° und 65° liegen

Beim Diagonalzurren, Schrägzurren oder Horizontalzurren müssen mindestens zwei Zurrmittelpaare verwendet werden. Diese Zurrmittel werden von den Ecken oder auch Kanten des Ladegutes diagonal zur Ladefläche gespannt. Im Gegensatz zum Niederzurrverfahren werden die Zurrmittel nur handfest angezogen.

Bild 4.24: Beispiel einer Diagonalverzurrung

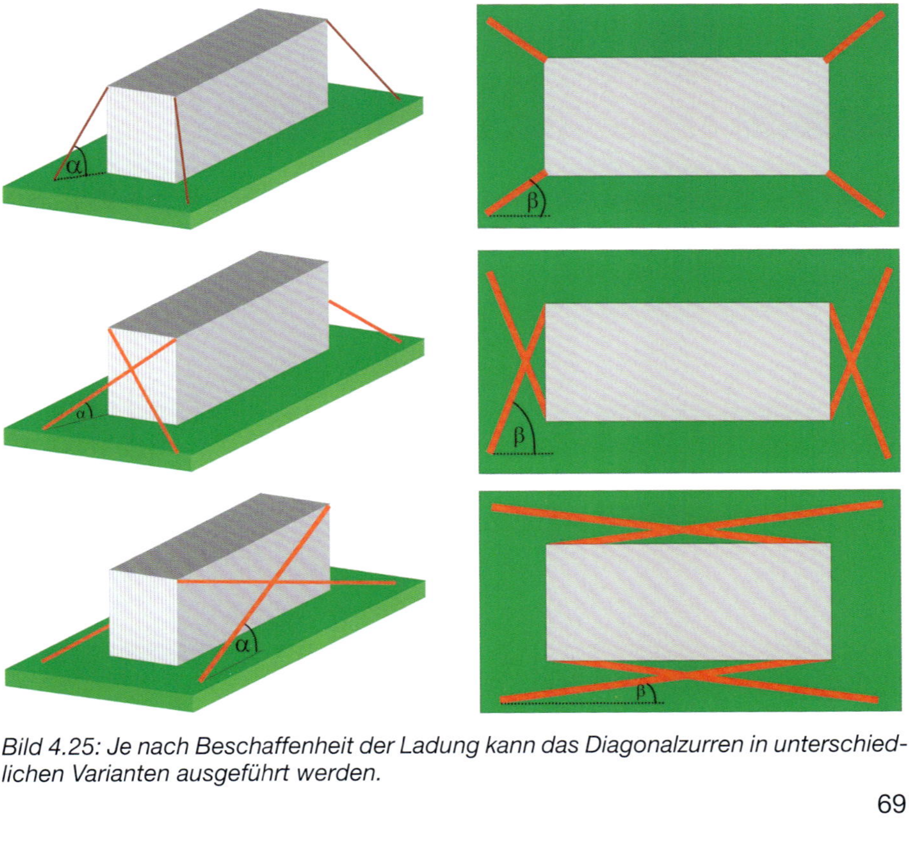

Bild 4.25: Je nach Beschaffenheit der Ladung kann das Diagonalzurren in unterschiedlichen Varianten ausgeführt werden.

Bilder 4.26a – d: Bei diesem Beispiel ist Einiges nicht in Ordnung. Eingerissene und angeknotete Zurrgurte sind nicht zulässig. Das Raupenfahrzeug kann sich auf der Ladefläche nach links und rechts bewegen.

4.3 SCHRÄGZURREN

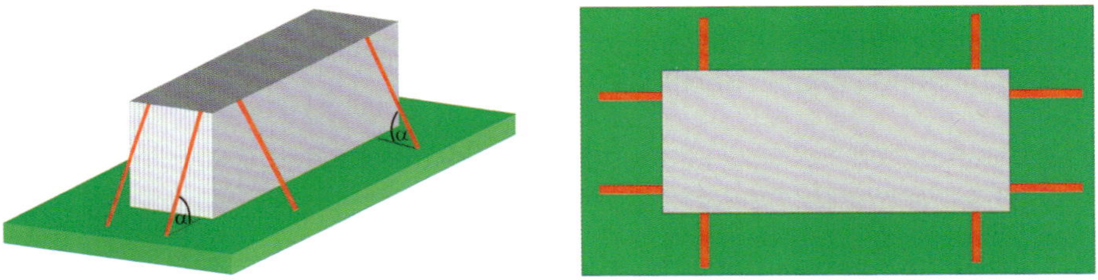

Bild 4.27

4.4 HORIZONTALZURREN

Beim Horizontalzurren ist die Standfestigkeit zu beachten *(→ Kap. 2.2)*.

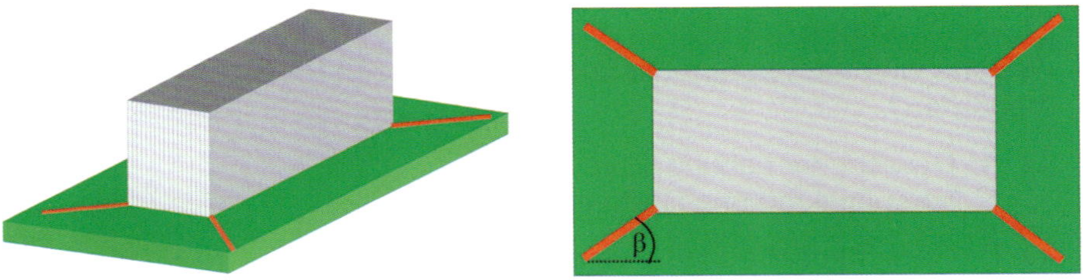

Bild 4.28

4.5 KOMBINATION AUS FORM- UND KRAFTSCHLÜSSIGER LADUNGSSICHERUNG

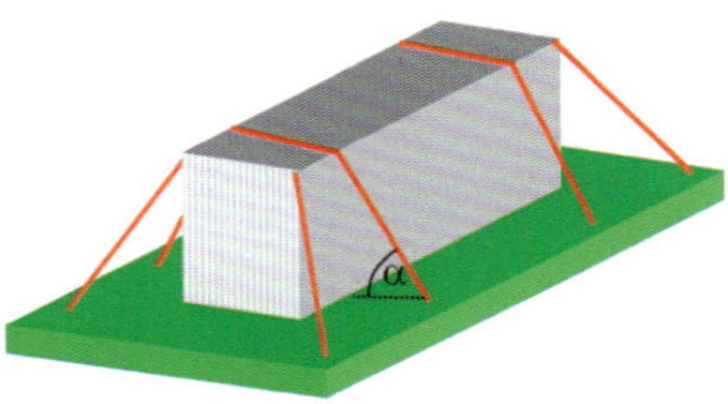

Bild 4.29

4.6 FÜRS GEDÄCHTNIS

✔ Arten der Ladungssicherung sind: Niederzurren **(kraftschlüssig)**, Diagonal-, Schräg- und Horizontalzurren **(formschlüssig)** bzw. die Kombination verschiedener Verfahren.

✔ Wenn möglich, sollte die Ladung durch **Formschluss** gegen die Stirn- oder Seitenwände festgesetzt werden.

✔ **Ladelücken vermeiden** oder ausfüllen.

✔ Beim Niederzurren: **Zurrwinkel α** nicht unter 35°.

✔ Beim Diagonalzurren: **Zurrwinkel α** zwischen 20° und 65°, **Zurrwinkel β** zwischen 6° und 55°.

4.7 KONTROLLFRAGEN

1. Welche wichtigsten Einflussfaktoren sind beim Niederzurren zu beachten?

❑ A Gewicht der Ladung, Zurrwinkel α, Vorspannkraft und Gleitreibung μ

❑ B Gewicht der Ladung, Zurrwinkel β, Vorspannkraft und Gleitreibung μ

❑ C Gewicht der Ladung, Formschluss zur Stirnwand, Vorspannkraft und Gleitreibung μ

❑ D Gewicht des Fahrzeugs, Zurrwinkel α, Vorspannkraft und Gleitreibung μ

2. Wie heißt der Horizontalwinkel beim Diagonalzurren?

❑ A δ

❑ B γ

❑ C β

❑ D α

3. Welche der folgenden Methoden stellt keine Ladungssicherung dar?

- ❏ A Niederzurren
- ❏ B Ladeeinheitenbildung
- ❏ C Schrägzurren
- ❏ D Diagonalzurren

**4. Beim Niederzurren ist der Zurrwinkel α zu beachten.
Wo sollte dieser nicht liegen?**

- ❏ A über 60°
- ❏ B unter 35°
- ❏ C zwischen 35° und 90°
- ❏ D unter 60°, aber über 35°

5. Sie sollen einen IBC mit Gitterkäfig und einer innenliegenden Kunststoffblase niederzurren. Der Zurrgurt soll direkt über das Gitter geführt werden. Ist das möglich?

- ❏ A Ja, da gibt es kein Problem.
- ❏ B Ja, ich darf jedoch nicht so stark vorspannen.
- ❏ C Ja, wenn ich an jeder Seite eine Zurrgurtratsche benutze.
- ❏ D Nein, ich würde den Gitterkäfig an den Auflagestellen des Zurrgurtes eindrücken und gegebenenfalls beschädigen.

5 ZURRMITTEL FÜR DIE LADUNGSSICHERUNG

5.1 AUSWAHL DER ZURRMITTEL

Welche Zurrmittel stehen zur Verfügung? Es sollten nur geprüfte und einsatzfähige Zurrgurte, Zurrnetze und Planen mit sämtlichem Zubehör zum Einsatz kommen. Zurrdrahtseile und Zurrketten finden bei Kleintransportern eher keine Anwendung.

Bei Auswahl und Gebrauch von Zurrgurten müssen die erforderliche Zurrkraft sowie die Verwendungsart und Art der zu zurrenden Ladung berücksichtigt werden. Größe, Form und Gewicht der Ladung bestimmen die richtige Auswahl der Zurrmittel.

Wegen des unterschiedlichen Verhaltens der verschiedenen Zurrmittel, z. B. Dehnungsverhalten unter Belastung, sollte man darauf achten, dass keine unterschiedlichen Zurrmittel zum Verzurren derselben Last verwendet werden.

Vor dem Lösen der Verzurrung hat man sich zu vergewissern, dass die Ladung auch ohne Sicherung noch sicher steht und den Abladenden nicht durch Herunterfallen gefährdet. Dies trifft auch zu, wenn man Spannelemente verwendet, die ein sicheres Entfernen ermöglichen.

5.2 ZURRGURTE

5.2.1 Werkstoffe für Zurrgurte

Die DIN EN 12 195 Teil 2 legt die Sicherheitsanforderungen für Zurrgurte aus Chemiefasern fest. Die Werkstoffe, aus denen Zurrgurte hergestellt sind, verfügen über eine unterschiedliche Widerstandsfähigkeit gegenüber chemischen Einwirkungen. Die Hinweise des Herstellers sind zu beachten, falls Zurrgurte Chemikalien ausgesetzt werden. Dabei muss berücksichtigt werden, dass sich die Auswirkungen des chemischen Einflusses bei steigenden Temperaturen erhöhen. Die Widerstandsfähigkeit von Kunstfasern gegenüber chemischen Einwirkungen ist nachfolgend zusammengefasst:

a) **Polyamide** sind widerstandsfähig gegenüber Alkalien, werden aber von mineralischen Säuren angegriffen.
b) **Polyester** ist resistent gegenüber mineralischen Säuren, wird aber von Laugen angegriffen.
c) **Polypropylen** wird wenig von Säuren und Laugen angegriffen und eignet sich für Anwendungen, bei denen hohe Widerstandsfähigkeit gegenüber Chemikalien, außer einigen organischen Lösungsmitteln, verlangt wird.

d) Bei harmlosen Säuren- oder Laugenlösungen kann es jedoch durch Verdunstung des Lösungsmittels zu einer solchen Konzentration kommen, dass Schäden am Gurtmaterial hervorgerufen werden. Diese Zurrgurte sind sofort außer Betrieb zu nehmen. Sie sollten in kaltem Wasser ausgespült und an der Luft getrocknet werden.

Zurrgurte, die in Übereinstimmung mit der Europäischen Norm EN 12 195 Teil 2 gefertigt wurden, weisen die folgenden Spezifikationen auf:

Tabelle 5.1: Werkstoffe für Zurrgurte mit ihren Eigenschaften sowie die zugehörigen Etikettenfarben

Technischer Vergleich	**PES**	**PA6**	**PP**
spezifisches Gewicht in g/cm^3	**1,38**	**1,14**	**0,91**
Dehnung bei LC in %	**2,5 – ...**		**ca. 3,5**
Gurtdicke (durchschnittlich)	**1,8 – 2,6 mm**		**ca. 4,5**
Abriebfestigkeit	**sehr gut**	**sehr gut**	**sehr gut**
Feuchtigkeitsaufnahme in % bei 65 % relativer Luftfeuchtigkeit 100 % relativer Luftfeuchtigkeit	 **0,2 – 0,5** **0,9 – 1,0**	 **3,5 – 4,5** **6,0 – 9,0**	 **0** **0**
Schmelzbereich	**250 °C – 260 °C**	**215 °C – 220 °C**	**160 °C – 175 °C**
Einsatztemperatur nach DIN/UVV	**–40 / +100 °C**	**–40 / +100 °C**	**–40 / +80 °C**
Beständigkeit gegenüber Chemikalien Säuren Laugen	 **gut** **ausreichend**	 **ausreichend** **sehr gut**	 **sehr gut** **sehr gut**

5.2.2 Handhabung von Zurrgurten

- Die Zurrkraft (LC) ist die höchste Kraft, mit der ein Zurrgurt im geraden Zug für den Gebrauch ausgelegt ist.
- Die normale Handkraft (Handzugkraft) (S_{HF}) von 50 daN, siehe Etikett, kann mit einer Hand aufgebracht werden.
- Ist S_{TF} als Angabe nicht vorhanden (siehe Etikett), darf das Zurrmittel nicht zum Niederzurren eingesetzt werden. Es sei denn, man misst die Vorspannkräfte mit einem Vorspannkraftmessgerät.
- Es dürfen nur Zurrgurte zur Verwendung kommen, die lesbar gekennzeichnet und mit Etiketten versehen sind. Schäden an Ettiketten sind zu verhindern.

- Es dürfen keine mechanischen Hilfsmittel wie Stangen oder Hebel usw. verwendet werden, es sei denn, diese sind Teil des Spannelementes.
- Zurrgurte dürfen nicht geknotet verwendet werden.
- Gurtbänder sind vor Reibung und Abrieb sowie vor Schädigungen von Ladung mit scharfen Kanten durch die Verwendung von Schutzüberzügen oder Kantenschonern zu schützen.
- Werfen Sie Ihre Zurrgurte nie von der Ladefläche, die Spannelemente könnten sich verformen, Gurtbänder werden eventuell beschädigt.

Bild 5.1: Wenn eine größere Anzahl von Zurrgurten eingesetzt wird, macht sich dieses Gerät zur schnellen Aufwicklung der Gurtbänder bezahlt.

1. *Ausgangsposition:* Ratschenhebel öffnen, leere Wickelwelle in Einfädelposition für das Gurtband bringen.
2. *Anlegen der Verzurrung:* Losende an die Ladung anlegen, Verbindungselement sicher in den Zurrpunkt/Befestigungspunkt hängen.
3. *Längeneinstellung:* Losende in die Schlitzwelle einfädeln und durchziehen, bis der Gurt stramm an der Ladung anliegt.
4. *Spannen:* So lange spannen, bis die gewünschte Spannung erreicht ist. Dabei müssen mindestens zwei, höchstens jedoch drei Wicklungen auf der Schlitzwelle entstehen. Spannelemente mit Vorspannanzeige zeigen die aufgebrachte Vorspannkraft. Beim Niederzurren wird diese Kombination empfohlen.

5. *Sichern:* Nach dem Zurren den Funktionsschieber ziehen und den Ratschenhebel so weit in Schließstellung schwenken, bis der Schieber in die Sicherungsaussparung einrasten kann. Die jetzt geschlossene und arretierte Ratsche wird auch bei starken Rüttelbewegungen im Fahrbetrieb nicht aufspringen.
6. *Lösen:* Funktionsschieber ziehen und Ratschenhebel um ca. 180° bis an den Endanschlag herumschwenken, um den Schieber in die letztmögliche Aussparung einrasten zu lassen.

Achtung: Die Vorspannkraft wird mit einem Schlag freigegeben.

Spannelemente, die stufenweise gelöst werden: Hier wird die Vorspannkraft durch Betätigung des Spannhebels stufenweise abgebaut, bis der Freilauf der Schlitzwelle erreicht wird. Das Gurtband kann abgewickelt und herausgezogen werden. Bei diesen Spannelementen ist unbedingt die Herstelleranleitung zu beachten.

5.2.3 Aufbau eines Zurrgurtes

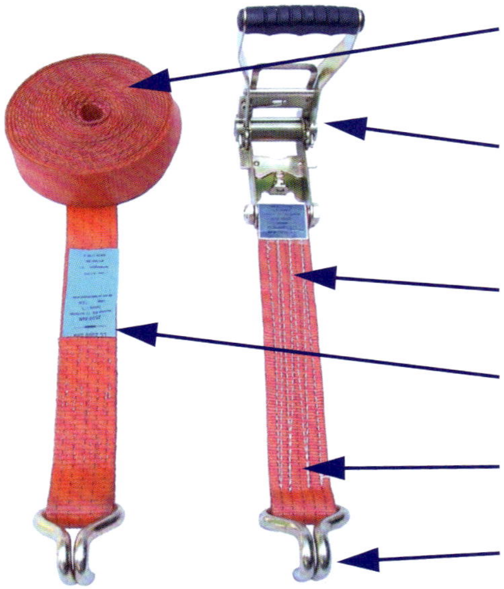

Bild 5.2: Aufbau eines Zurrgurtes

5.2.4 Ablegereife von Zurrgurten

Lassen Sie Ihre Zurrmittel bei Bedarf, mindestens jedoch einmal jährlich, durch einen Sachkundigen auf Beschädigungen prüfen. Der Fahrzeugführer sollte bei jedem Einsatz eine Sichtkontrolle auf erkennbare Beschädigungen durchführen. Die Ablegekriterien für **Zurrmittel** sind in der VDI 2700 Blatt 3.1 geregelt.

Die folgenden Punkte sind als Anzeichen von Schäden zu betrachten:

- bei Gurtbändern: Einschnitte größer als 10 % an der Webkante, erkennbare Risse, Schnitte, Einkerbungen und Brüche in lasttragenden Fasern und Nähten, Verformung durch Wärmeeinwirkung;
- bei Endbeschlagteilen und Spannelementen: Verformungen, Risse, starke Anzeichen von Verschleiß und Korrosion und
- Kontakt mit aggressiven Stoffen.

Es dürfen nur Zurrgurte **instandgesetzt werden**, die Etiketten zu ihrer Identifizierung aufweisen. Diese Reparaturen dürfen nur vom Hersteller vorgenommen werden.

5.2.5 Beispiele von Beschädigungen, die zur Ablegereife führen

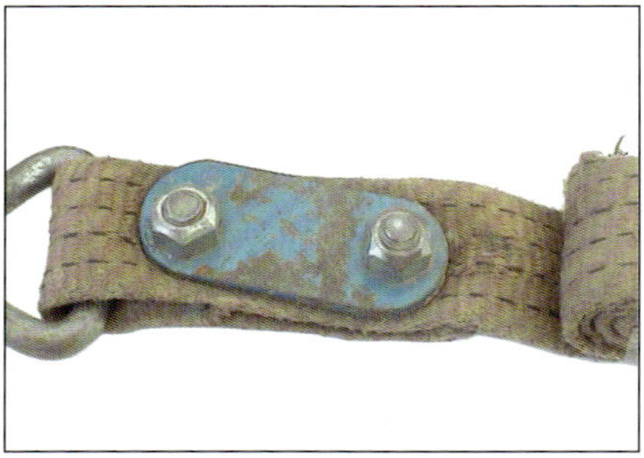

Bild 5.3

Bild 5.4

Zusammengeschraubte oder geknotete Zurrgurte sind nicht erlaubt. Geknotete Zurrgurte würden unter Belastung durchziehen.

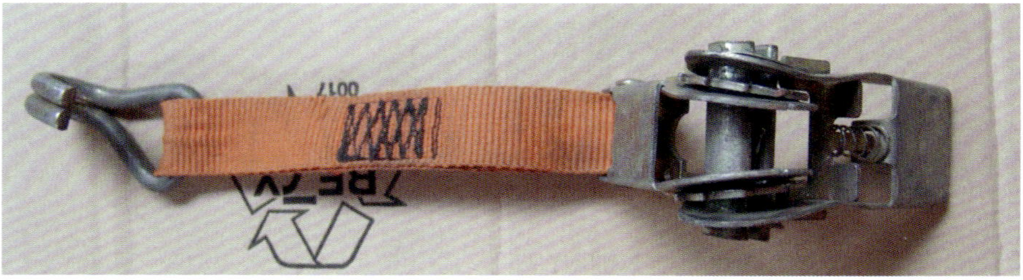

Bild 5.5: Verbogene Zurrgurtratsche, nicht mehr funktionsfähig

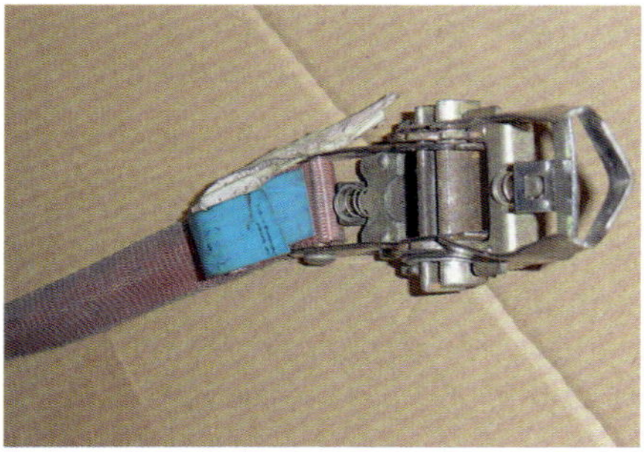

Bild 5.6: Bei dieser Zurrgurtratsche wurde ein Schraubenzieher zur Hilfe genommen, um den Gurt zu spannen. Diese falsche Handhabung führt ebenfalls zur Ablegereife.

Bild 5.7: Abrieb und Risse im Gurt

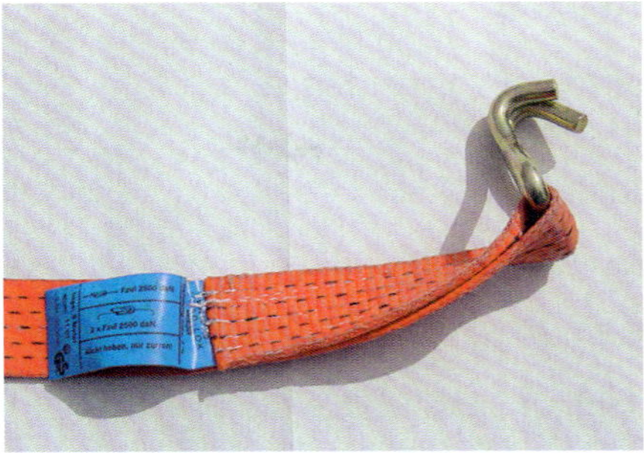

Bild 5.8: Dieser Gurthaken ist eine Fehlfertigung

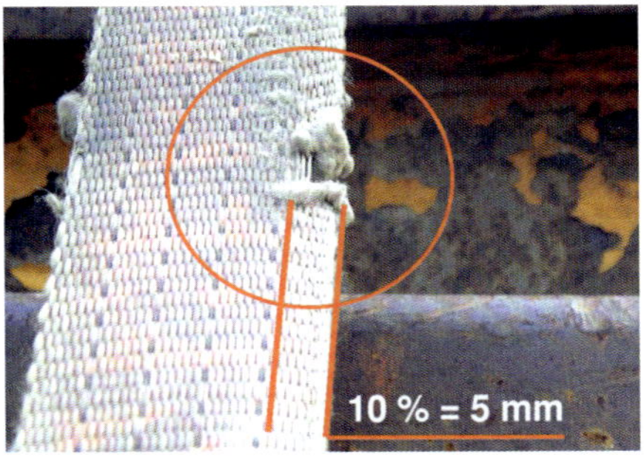

Bild 5.9: Solche Einschnitte am Zurrgurt, größer als 10 % an der Webkante, führen schon zur Ablegereife.

5.2.6 Kennzeichnung

Hinweise zu den Zurrgurten: Beachten Sie grundsätzlich die auf den Etiketten angegebenen Daten, um einer Überforderung bzw. Beschädigung der Zurrgurte entgegenzuwirken.

Komplette Zurrgurteinheiten bzw. demontierbare Teile von Zurrgurteinheiten müssen jeweils mit entsprechenden Etiketten versehen sein (→ *Themenbereich 5.2.7*).

Endbeschlagteile, Spannelemente, Gurtbandklemmen und Vorspannanzeigen müssen mindestens mit dem Namen oder Symbol des Herstellers oder Lieferanten und mit der Zurrkraft (LC) gekennzeichnet sein.

Die Etiketten müssen folgende Farben haben:

- blau für PES-Gurtband
- grün für PA-Gurtband und
- braun für PP-Gurtband

5.2.7 Kennzeichnung auf dem Zurrgurtetikett

Folgende Angaben müssen auf einem Zurrmittel vorhanden sein:

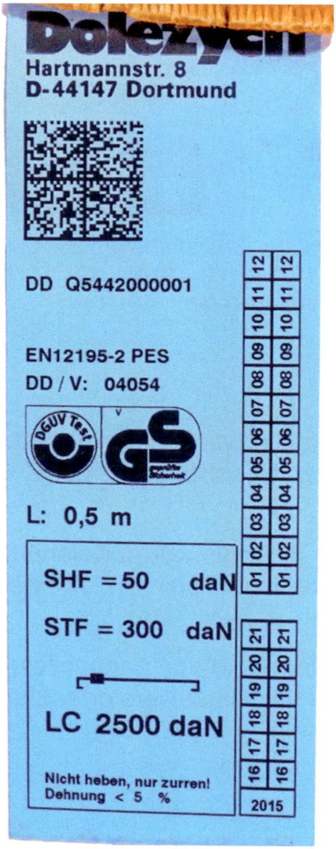

- Zurrkraft (LC)
- Längen L_G, L_{GF} und L_{GL} in m
- Normale Handkraft S_{HF}
- Normale Spannkraft S_{TF} (daN) oder Windenkraft am Spannhebel, für die die Ausrüstung typgeprüft wurde, wenn sie zum Niederzurren ausgelegt ist
- Warnhinweis „Darf nicht zum Heben verwendet werden!“
- Werkstoff des Gurtbandes
- Name oder Symbol des Herstellers oder Lieferanten
- Rückverfolgbarkeitscode des Herstellers
- Nummer und Teil dieser Europäischen Norm, d. h. EN 12 195-2
- Herstellungsjahr
- Dehnung des Gurtbandes in % bei LC

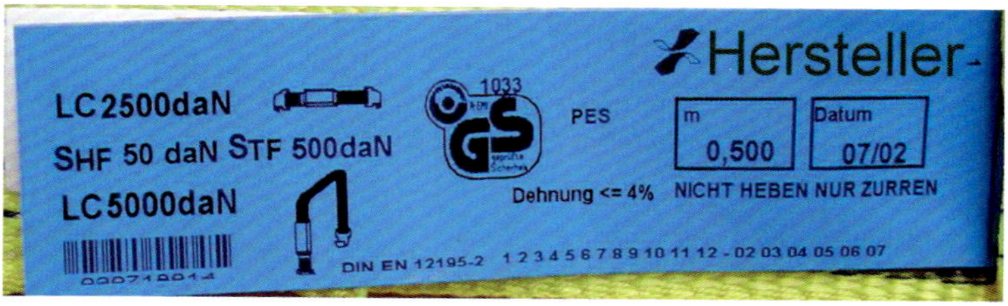

Bilder 5.10 und 5.11: Unterschiedliche Zurrgurtetiketten je nach Hersteller. Die Angaben sind gem. DIN EN 12 195 Teil 2 vorhanden. Es ist eine S_{TF} von 300 daN bzw. von 500 daN angegeben. Diese Angabe ist wichtig beim Niederzurren.

5.3 NETZE

Bild 5.12: Beispiel einer Netzsicherung

5.3.1 Kennzeichnung von Netzen

Alle Netzausführungen und Komponenten sind analog DIN EN 12195-2 bis -4 und VDI 2700 zu kennzeichnen.

Die Kennzeichnung von Ladungssicherungs- und Trennnetzen muss folgenden Inhalt haben:

- Werkstoffangaben
- Name des Herstellers oder Lieferers, sein Zeichen, eingetragenes Warenzeichen oder ein anderes, eindeutiges Kennzeichen
- Typbezeichnung
- LC *Netz Befestigungspunkt* in daN
- LC *Netz gesamt* in daN
- Warnhinweis: „Darf nicht zum Heben verwendet werden!“
- Warnhinweis: „Nur an den vorgesehenen Befestigungspunkten belasten!“
- Herstellungsjahr/Jahresleiste
- Normverweis (z. B. „In Anlehnung an DIN EN 12195-2, VDI 2700 Blatt 3.3“)
- Rückverfolgbarkeitscode

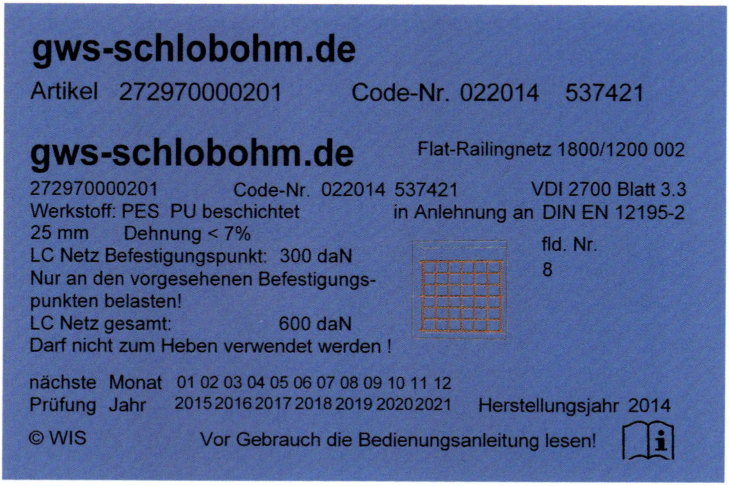

Bild 5.13: Beispiel eines Etiketts für Ladungssicherungs- und Trennnetze

5.3.2 Kontrolle, Prüfung, Reparatur und Instandsetzung

Netze sind während ihrer Verwendung durch Sichtprüfung hinsichtlich ihrer Ablegekriterien zu kontrollieren. Werden Mängel festgestellt, die die Sicherheit beeinträchtigen, sind Netze der weiteren Benutzung zu entziehen.

Ablegekriterien sind der Bedienungsanleitung des Herstellers zu entnehmen.

Reparaturen dürfen nur vom Hersteller oder von einer von ihm autorisierten Person ausgeführt werden, die hierfür notwendigen Kenntnisse und Fähigkeiten sind vorzuweisen. Nach der Reparatur müssen die ursprünglichen Eigenschaften des Netzes wiederhergestellt sein.

Netze sind mindestens einmal jährlich durch eine Befähigte Person zu kontrollieren. Diese Prüfung ist zu dokumentieren. In Zweifelsfällen sind die Netze außer Betrieb zu nehmen.

Bilder 5.14 und 5.15: Beispiele von Beschädigungen

5.4 FÜRS GEDÄCHTNIS

✔ **Nur geprüfte** und einsatzfähige **Zurrgurte** mit Original-Zubehör sollten eingesetzt werden.

✔ Größe, Form und Gewicht der Ladung bestimmen die **richtige Auswahl der Zurrmittel**.

✔ Nur Zurrgurte mit **lesbaren Etiketten** verwenden.

✔ Ist die Angabe S_{TF} auf Etikett oder Anhänger nicht vorhanden, das Zurrmittel nur dann zum Niederzurren **verwenden, wenn die Vorspannkraft gemessen wurde**.

✔ Zurrmittel sind pfleglich zu behandeln. Bei Erreichen der **Ablegereife nicht mehr einsetzen**!

5.5 KONTROLLFRAGEN

1. Benennen Sie ein Ablegekriterium für Zurrgurte.

- ❑ A Die Einschnitte am Gurtband sind größer als 10 % an der Webkante.
- ❑ B Die Zurrgurtratsche ist leicht angerostet.
- ❑ C Das Zurrgurtetikett ist etwas verblasst.
- ❑ D Die Einschnitte an der Gurtbandkante betragen etwa 5 %.

**2. Sie wollen Ihre Ladung mit Zurrgurten niederzurren.
Welche Angabe vom Zurrgurtetikett benötigen Sie nicht?**

- ❑ A S_{HF}-Wert
- ❑ B LC-Wert
- ❑ C S_{TF}-Wert
- ❑ D Herstellungsjahr

3. Sie finden auf Ihrem Pritschenwagen einen Zurrgurt, den Sie zum Diagonalzurren einsetzen möchten. Das Zurrgurtetikett ist nicht mehr vorhanden, die Ratsche ist verbogen. Dürfen Sie diesen Zurrgurt noch einsetzen?

- ❏ A Ja, der Zurrgurt ist auf jeden Fall in der Lage, meine Ladung zurückzuhalten.
- ❏ B Ja, die für mich wichtigen Werte sind nochmals am Ratschenhebel eingeschlagen.
- ❏ C Nein, aufgrund der verbogenen Ratsche und des fehlenden Zurrgurtetiketts hat der Zurrgurt die Ablegereife erreicht.
- ❏ D Nein, ein Zurrgurt ist viel zu schwach, um die Ladung diagonal zu sichern.

4. Sie sind als Verlader an einer Baustelle tätig und erhalten die Anweisung, einen Rüttler mit Zubehör und eine Palette Steine zu verladen. Der beauftragte Spediteur meldet sich bei Ihnen an der Verladestelle. Was haben Sie vor Beginn der Verladung zu tun?

- ❏ A Ich lasse mir den gültigen Führerschein des Fahrers zeigen.
- ❏ B Ich prüfe zuerst den Luftdruck der Fahrzeugreifen.
- ❏ C Ich kontrolliere alle zum Einsatz kommenden Zurrmittel auf Gebrauchsfähigkeit.
- ❏ D Ich beginne aus Zeit- und Kostengründen sofort mit dem Beladen des Fahrzeugs.

5. In welcher anerkannten Regel der Technik werden die Ablegekriterien für Zurrmittel beschrieben?

- ❏ A in der StVO
- ❏ B im Handelsgesetzbuch
- ❏ C in der Bedienungsanleitung des Herstellers
- ❏ D in der VDI 2700 Blatt 3.1

6. Durch wen dürfen Zurrgurte oder Zurrketten instandgesetzt werden?

❑ A durch einen Sachkundigen

❑ B durch den Berufskraftfahrer

❑ C durch den Werkstattmeister

❑ D durch den Hersteller

Wichtiger Hinweis:

In der **„EN 12195-1:2010 (Anwendungsbereich)"** werden die **Berechnungen zur Ladungssicherung auf Fahrzeugen bis 3,5 t nicht berücksichtigt**.
Im nationalen Vorwort wird darauf hingewiesen, dass die EN 12195-1:2010 in wesentlichen Punkten nicht dem in Deutschland üblichen Sicherheitsniveau entspricht.

Im Schadensfall sind die deutschen Gerichte und Versicherer gehalten, anerkannte Regeln der Technik für die Ladungssicherung (zurzeit nach den Vorgaben der VDI Richtlinie 2700 und EN 12195-1:2003 als Bewertungsgrundlage) für eine sachgemäße Ladungssicherung zugrunde zu legen. Offen ist derzeit, inwieweit die EN 12195-1:2010 als technischer Bewertungsmaßstab einer ordnungsgemäßen Ladungssicherung durch die Rechtsprechung herangezogen wird.

Anmerkung des Autors: Es stellt sich die Frage, wie die anderen Mitgliedsstaaten ihre Ladung bei Fahrzeugen bis 3,5 t berechnen und sichern. In Deutschland ist das kein Problem, da ja hier die VDI 2700 Blatt 2 als Sicherheitsstandard Anwendung findet.

Den Tabellen und Berechnungen in diesem Themenbereich **liegt die VDI 2700 Blatt 2: 2014 zugrunde.**

6 ERMITTELN DER ERFORDERLICHEN SICHERUNGSKRÄFTE

6.1 BERECHNUNG NIEDERZURREN EINER FREISTEHENDEN, STANDFESTEN, STABILEN LADUNG ANHAND EINER TABELLE

(→ Tabellen 6.1 und 6.2, Seiten 91/92)

Beispiel:

- Gewicht der Ladung: 600 kg
- Zurrwinkel $\alpha = 35°$
- Gleitreibbeiwert $\mu = 0{,}2$
- Die Vorspannkraft, die vom Fahrzeugführer über die Ratsche des Zurrgurtes (normaler 50-mm-Zurrgurt) aufgebracht wird, beträgt in den meisten Fällen bei Druckratschen ca. **250 daN**.

Hinweis:
Die Vorspannkraft sollte grundsätzlich mit einem Vorspannmessgerät gemessen werden, egal, ob mit einem externen oder einem schon am Zurrgurt angebrachten Messgerät.

Das Ergebnis ist beeindruckend; man benötigt **7 Zurrgurte**.

Diese Form der Ladungssicherung ist jedoch nicht zu empfehlen, da zu viele Zurrgurte zum Einsatz kommen müssten und der Zeitaufwand zu groß und damit unwirtschaftlich wäre. Hinzu kommt noch die Frage, ob überhaupt genügend Zurrpunkte zur Verfügung stehen.

Änderung

Nimmt man einige Veränderungen vor, wie z. B. Änderung des Gleitreibbeiwertes µ von 0,2 auf **0,6**, was durch Unterlegen von **Antirutschmatten** erreicht werden kann, ist die Wirkung sehr erstaunlich und lässt einige Praktiker sicherlich zweifeln.

Die Anzahl der Zurrgurte verringert sich tatsächlich auf 1.

Ähnlich wirkt sich das bei Veränderung der Vorspannkraft oder des Zurrwinkels aus. Schon durch geringe Veränderungen kann der Aufwand also erheblich verringert und die Ladungssicherung somit kostengünstiger gestaltet werden.

Bild 6.1: Palette mit Antirutschmatten unterlegt

Tabelle 6.1: Ermittlung der Zurrmittel-Anzahl bei 100 kg bis 900 kg (k = 1,8)

Vorspann-kraft (S_{TF})	Gewicht der Ladung	100 kg				200 kg				300 kg				400 kg				500 kg				600 kg				700 kg				800 kg				900 kg			
	Zurrwinkel (α)	35	45	60	75	35	45	60	75	35	45	60	75	35	45	60	75	35	45	60	75	35	45	60	75	35	45	60	75	35	45	60	75	35	45	60	75
	Gleitreib-beiwert (μ)																																				
250 daN	0,10	3	3	2	2	6	5	4	4	8	7	6	5	11	9	8	7	14	11	9	8	16	13	11	10	19	13	11	10	22	15	12	11	24	17	14	12
	0,15	2	2	2	1	4	3	3	2	5	5	4	3	7	6	5	4	9	7	6	5	10	9	7	6	12	8	7	6	14	9	8	7	15	11	9	8
	0,20	2	1	1	1	3	2	2	2	4	3	3	3	5	4	4	3	6	5	4	4	7	6	5	5	8	6	5	4	10	7	6	5	11	7	6	6
	0,25	1	1	1	1	2	2	2	1	3	3	2	2	4	3	3	2	5	4	3	3	6	5	4	3	6	4	4	3	7	5	4	4	8	6	5	4
	0,30	1	1	1	1	2	2	1	1	2	2	2	2	3	3	2	2	4	3	3	2	4	4	3	3	5	3	3	3	6	4	3	3	6	4	4	3
	0,35	1	1	1	1	1	1	1	1	2	2	1	1	2	2	2	2	3	2	2	2	3	3	2	2	4	3	2	2	4	3	3	2	5	3	3	3
	0,40	1	1	1	1	1	1	1	1	2	1	1	1	2	2	2	1	2	2	2	2	3	2	2	2	3	2	2	2	4	3	2	2	4	3	2	2
	0,45	1	1	1	1	1	1	1	1	1	1	1	1	2	1	1	1	2	2	1	1	2	2	2	2	3	2	2	2	3	2	2	2	3	2	2	2
	0,50	1	1	1	1	1	1	1	1	1	1	1	1	1	1	1	1	2	1	1	1	2	2	1	1	2	2	1	1	2	2	2	1	3	2	2	2
	0,55	1	1	1	1	1	1	1	1	1	1	1	1	1	1	1	1	1	1	1	1	2	1	1	1	2	1	1	1	2	1	1	1	2	2	1	1
	0,60	1	1	1	1	1	1	1	1	1	1	1	1	1	1	1	1	1	1	1	1	1	1	1	1	1	1	1	1	2	1	1	1	2	1	1	1
300 daN	0,10	3	2	2	2	5	4	3	3	7	6	5	4	9	8	6	6	12	9	8	7	14	11	9	8	16	13	11	10	18	15	12	11	20	17	14	12
	0,15	2	2	1	1	3	3	2	2	5	4	3	3	6	5	4	4	7	6	5	5	9	7	6	5	10	8	7	6	11	9	8	7	13	11	9	8
	0,20	1	1	1	1	2	2	2	2	3	3	2	2	4	4	3	3	5	4	4	3	6	5	4	4	7	6	5	4	8	7	6	5	9	7	6	6
	0,25	1	1	1	1	2	2	1	1	3	2	2	2	3	3	2	2	4	3	3	3	5	4	3	3	5	4	4	3	6	5	4	4	7	6	5	4
	0,30	1	1	1	1	2	1	1	1	2	2	2	1	3	2	2	2	3	3	2	2	4	3	3	2	4	3	3	3	5	4	3	3	5	4	4	3
	0,35	1	1	1	1	1	1	1	1	2	1	1	1	2	2	2	1	3	2	2	2	3	2	2	2	3	3	2	2	4	3	3	2	4	3	3	3
	0,40	1	1	1	1	1	1	1	1	1	1	1	1	2	2	1	1	2	2	2	1	2	2	2	2	3	2	2	2	3	3	2	2	3	3	2	2
	0,45	1	1	1	1	1	1	1	1	1	1	1	1	1	1	1	1	2	1	1	1	2	2	1	1	2	2	2	2	2	2	2	2	3	2	2	2
	0,50	1	1	1	1	1	1	1	1	1	1	1	1	1	1	1	1	1	1	1	1	2	1	1	1	2	2	1	1	2	2	2	1	2	2	2	2
	0,55	1	1	1	1	1	1	1	1	1	1	1	1	1	1	1	1	1	1	1	1	1	1	1	1	2	1	1	1	2	1	1	1	2	2	1	1
	0,60	1	1	1	1	1	1	1	1	1	1	1	1	1	1	1	1	1	1	1	1	1	1	1	1	1	1	1	1	1	1	1	1	1	1	1	1

6.1 Berechnung Niederzurren (Tabelle)

Tabelle 6.2: Ermittlung der Zurrmittel-Anzahl bei 1 t bis 4 t (k = 1,8)

Vorspannkraft S_{TF}	Gewicht der Ladung	1 t					2 t					3 t					4 t				
	Zurrwinkel (α)	35	45	60	75	90	35	45	60	75	90	35	45	60	75	90	35	45	60	75	90
	Gleitreibbeiwert (μ)																				
250 daN	0,10	27	22	18	16	16	54	44	36	32	31	80	65	53	48	46	107	87	71	64	62
	0,15	17	14	11	10	10	33	27	22	20	19	50	41	33	30	29	66	54	44	40	38
	0,20	12	10	8	7	7	23	19	16	14	14	35	28	23	21	20	46	37	31	28	27
	0,25	9	7	6	5	5	17	14	12	10	10	26	21	17	15	15	34	28	23	20	20
	0,30	7	6	5	4	4	13	11	9	8	8	20	16	13	12	11	26	21	17	16	15
	0,35	5	4	4	3	3	10	8	7	6	6	15	12	10	9	9	20	16	13	12	12
	0,40	4	4	3	3	3	8	7	6	5	5	12	10	8	7	7	16	13	11	10	9
	0,45	3	3	2	2	2	6	5	4	4	4	9	8	6	6	6	12	10	8	8	7
	0,50	3	2	2	2	2	5	4	4	3	3	7	6	5	5	4	10	8	7	6	6
	0,55	2	2	2	2	1	4	3	3	3	2	6	5	4	4	3	7	6	5	5	4
	0,60	2	2	1	1	1	3	3	2	2	2	4	4	3	3	3	6	5	4	4	3
300 daN	0,10	23	18	15	14	13	45	36	30	27	26	67	54	45	40	39	89	72	59	53	51
	0,15	14	12	10	9	8	28	23	19	17	16	42	34	28	25	24	55	45	37	33	32
	0,20	10	8	7	6	6	20	16	13	12	11	29	24	19	17	17	39	31	26	23	22
	0,25	7	6	5	5	4	14	12	10	9	8	21	17	14	13	12	28	23	19	17	16
	0,30	6	5	4	4	4	11	9	7	7	7	16	13	11	10	10	22	18	14	13	13
	0,35	5	4	3	3	3	9	7	6	5	5	13	10	9	8	8	17	14	11	10	10
	0,40	4	3	3	2	2	7	6	5	4	4	10	8	7	6	6	13	11	9	8	8
	0,45	3	2	2	2	2	5	4	4	3	3	8	6	5	5	5	10	8	7	6	6
	0,50	2	2	2	2	2	4	4	3	3	3	6	5	4	4	4	8	7	6	5	5
	0,55	2	2	1	1	1	3	3	2	2	2	5	4	3	3	3	6	5	4	4	4
	0,60	2	1	1	1	1	3	2	2	2	2	4	3	3	2	2	5	4	3	3	3

Der Tabellenwert „1 Zurrmittel“ ist nur bei Formschluss zur Stirnwand und kurzen Ladegütern zu empfehlen *(siehe Bild 4.22)*. Bei langen Ladegütern und Formschluss sollten 2 Zurrmittel eingesetzt werden, um ein Verdrehen des Ladegutes zu verhindern.

Hinweis: Der Übertragungsbeiwert k *(→ Seite 34)* beschreibt den Verlust an Vorspannkraft durch Reibung zwischen Zurrmittel und Ladung.

Bei <u>einem</u> Spannelement ergibt sich somit die Formel $F_{iS} = \frac{(f_{lv} - \mu \cdot f_v)}{\mu \cdot \sin \alpha} \cdot \frac{F_G}{1{,}8}$

Bei <u>zwei</u> Spannelementen bleibt die Formel $F_{iS} = \frac{(f_{lv} - \mu \cdot f_v)}{\mu \cdot \sin \alpha} \cdot \frac{F_G}{2}$

Der Gleitreibbeiwert ist bei μ_D geblieben, d. h., es wird weiterhin mit dem dynamischen Reibbeiwert gerechnet und nicht mit der Haftreibung μ_S.

6.2 BERECHNUNG NIEDERZURREN MITTELS FORMEL

6.2.1 Berechnung Niederzurren in Fahrtrichtung mittels Formel

$$F_{iS} = \frac{(f_{lv} - \mu \cdot f_v)}{\mu \cdot \sin \alpha} \cdot \frac{F_G}{1{,}8}$$

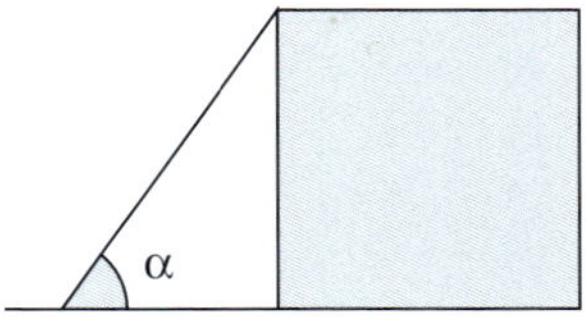

Bild 6.2: Zurrwinkel

Tabelle 6.3: Sinuswerte

Zurrwinkel α	sin α
90°	1,00
80°	0,98
70°	0,94
60°	0,87
50°	0,77
40°	0,64
30°	0,50

Berechnungsbeispiel Vorspannkraft

$f_{lv} = 0{,}8$ $\mu = 0{,}3$ $\alpha = 60°$ $F_G = 500$ daN $f_v = 1$

$$F_{iS} = \frac{(0{,}8 - 0{,}3)}{0{,}3 \cdot 0{,}87} \cdot \frac{500}{1{,}8} \qquad F_{iS} = \frac{0{,}5}{0{,}261} \cdot 277{,}77$$

$F_{iS} = 1{,}9157 \cdot 277{,}77 =$ **532,13 daN**

Berechnungsbeispiel Anzahl der Zurrmittel (n)

$$n = \frac{F_{iS}}{S_{TF}}$$

$S_{TF} = 250$ daN
(normale Vorspannkraft, → ***Kap. 5.2.7***)

$$n = \frac{532{,}13 \text{ daN}}{250 \text{ daN}}$$

$n = 2{,}12 \approx$ **3 Zurrmittel**

6.2.2 Berechnung Niederzurren mittels Formel quer zur Fahrtrichtung, z. B. bei Formschluss

Berechnungsbeispiel Vorspannkraft

$f_q = 0{,}5$ $\mu = 0{,}3$ $\alpha = 60°$ $F_G = 500$ daN $f_v = 1$

$$F_{iS} = \frac{(0{,}5 - 0{,}3)}{0{,}3 \cdot 0{,}87} \cdot \frac{500}{1{,}8} \qquad F_{iS} = \frac{0{,}2}{0{,}261} \cdot 277{,}77$$

$F_{iS} = 0{,}766 \cdot 277{,}77 =$ **212,77 daN**

Berechnungsbeispiel Anzahl der Zurrmittel (n)

$$\boxed{n = \frac{F_{iS}}{S_{TF}}} \qquad S_{TF} = 250 \text{ daN} \qquad n = \frac{212{,}77 \text{ daN}}{250 \text{ daN}}$$

$n = 0{,}85 \approx$ **1 Zurrmittel**

6.3 BERECHNUNG DIAGONALZURREN EINER FREISTEHENDEN, STANDFESTEN, STABILEN LADUNG ANHAND EINER TABELLE

Beispiel aus der Tabelle 6.4:

Es werden **vier Zurrmittel** verwendet.

Die zulässige Zugkraft direkt beträgt bei den zur Verfügung stehenden **Zurrgurten 500 daN**.

Die einzelnen Zurrpunkte an dem zur Verfügung stehenden **Fahrzeug nehmen ebenfalls 500 daN auf**.

Der Vertikalwinkel α (Winkel zwischen Zurrmittel und Ladefläche) liegt im Toleranzbereich von 20° bis 65° und **der Horizontalwinkel β** (Winkel zwischen Zurrmittel und Bordwand) liegt bei 6° bis 55°.

Der ermittelte Gleitreibbeiwert μ beträgt **0,3.**

Das Gewicht der Ladung darf in diesem Fall **1000 kg nicht überschreiten**.

Änderung:

Nehmen wir auch hier wieder eine **Antirutschmatte** zu Hilfe, liegt der μ-Wert bei **0,6**. **Das Gewicht** der Ladung darf dann **3750 kg nicht überschreiten**.

Nehmen Sie aber nach Möglichkeit nicht irgendeine rutschhemmende Unterlage, verwenden Sie eine, die im Fachhandel angeboten wird, denn nur hier wird der μ-Wert von 0,6 garantiert.

Tabelle 6.4: Diagonalzurren (Sicherungskraft nach vorn)

Gewicht der Ladung	4 Zurrmittel mit einer zulässigen Zugkraft im direkten Strang von je (daN)										
	Reibbeiwert (μ_D)										
(in kg)	0,1	0,15	0,2	0,25	0,3	0,35	0,4	0,45	0,5	0,55	0,6
5000	7500	5800	4500	3400	2500	**2000**	1700	1400	1100	850	700
4500	6700	5200	**4000**	3100	2200	1800	1500	1200	1000	800	600
4000	6000	4600	3600	2700	**2000**	1600	1300	1100	850	700	550
3750	5600	4400	3400	2600	1900	1500	1250	1000	800	650	500
3250	4900	3800	2900	2200	1600	1300	1100	900	700	550	450
2750	4100	3200	2500	1900	1400	1100	900	800	600	500	400
2500	3700	2900	2300	1700	1300	1000	850	700	550	450	350
2000	3000	2300	1800	1400	1000	800	650	600	450	350	300
1500	2300	1800	1400	1100	750	600	500	400	350	300	200
1000	1500	1200	900	700	500	400	350	300	250	200	140
500	750	600	450	340	250	200	170	150	125	100	125

Folgende Winkelbereiche wurden berücksichtigt: der Vertikalwinkel α = 20°–65° und Horizontalwinkel β = 6°–55°. Die Ergebnisse wurden zugunsten der Ladungssicherheit aufgerundet. Fett gedruckte Zahlen sind an die im Handel zu beziehenden gängigen Zurrmittel angepasst. Eines sollte aber immer beachtet werden! Stimmen die Daten mit den Tabellen nicht überein, ist grundsätzlich ein besserer Wert zu nehmen, um der Ladungssicherung gerecht zu werden. Man hat noch nie jemanden verurteilt, nur weil er seine Ladung zu gut gesichert hat.

6.4 BERECHNUNG DER SICHERUNGSKRAFT BEIM DIAGONAL-ZURREN MITTELS FORMEL

Angaben zur Berechnung in Fahrtrichtung

Für **f** ist jeweils der Wert

- in Fahrtrichtung f_{lv} = 0,8 für die hinteren Zurrmittel und
- entgegen der Fahrtrichtung f_{lh} = 0,5 für die vorderen Zurrmittel einzusetzen.
- Bei kippgefährdeter Ladung ist quer zur Fahrtrichtung f_q = 0,2 hinzuzurechnen.

Tabelle 6.5: Sinus- und Cosinuswerte

Zurrwinkel	sin	cos
90°	1,00	0,00
80°	0,98	0,17
70°	0,94	0,34
60°	0,87	0,50
50°	0,77	0,64
40°	0,64	0,77
30°	0,50	0,87
20°	0,34	0,94
10°	0,17	0,98

Formel für Diagonalzurren in Längsrichtung:
f_{lv} = 0,8; in Querrichtung ist f_q = 0,5 zu nehmen.

Beispielrechnung für Zurrmittel **in Fahrtrichtung**:

$F_G = 400$ daN $\mu = 0{,}2$ $\alpha = 60°$ $\beta = 20°$ $f_{lv} = 0{,}8$ $f_v = 1$
n (Anzahl der Zurrmittel) = 2

$$F_{iH} = \frac{(f_{lv} - \mu \cdot f_v)}{(\mu \cdot \sin\alpha + \cos\alpha \cdot \cos\beta)} \cdot \frac{F_G}{n}$$

$$F_{iH} = \frac{(0{,}8 - 0{,}2)}{(0{,}2 \cdot 0{,}87 + 0{,}50 \cdot 0{,}94)} \cdot \frac{400}{2} \longrightarrow F_{iH} = \frac{0{,}6}{(0{,}174 + 0{,}47)} \cdot 200$$

$$F_{iH} = \frac{0{,}6}{0{,}644} \cdot 200 \longrightarrow F_{iH} = 0{,}931 \cdot 200 = \mathbf{186{,}3\ daN}$$

Jedes hintere Zurrmittel muss mindestens eine Zugkraft (LC siehe Kap. 5.2.2) von 186,3 daN besitzen. Zurrgurte mit einem LC-Wert von 250 daN sind somit ausreichend.

6.5 BERECHNUNG DER SICHERUNGSKRAFT BEIM SCHRÄGZURREN

Formel für Schrägzurren in Längsrichtung ($f_{lv} = 0{,}8$)

$$F_{iH} = \frac{(f_{lv} - \mu \cdot f_v)}{(\mu \cdot \sin\alpha + \cos\alpha)} \cdot \frac{F_G}{n}$$

Formel für Schrägzurren in Querrichtung ($f_q = 0{,}5$)

$$F_{iH} = \frac{(f_q - \mu \cdot f_v)}{(\mu \cdot \sin\alpha + \cos\alpha)} \cdot \frac{F_G}{n}$$

6.6 BERECHNUNG DER SICHERUNGSKRAFT BEIM HORIZONTAL-ZURREN

Formel für Horizontalzurren in Längsrichtung ($f_{lv} = 0{,}8$)

$$F_{iH} = \frac{(f_{lv} - \mu \cdot f_v)}{\cos\beta} \cdot \frac{F_G}{n}$$

Formel für Horizontalzurren in Querrichtung ($f_q = 0{,}5$)

$$F_{iH} = \frac{(f_q - \mu \cdot f_v)}{\sin\beta} \cdot \frac{F_G}{n}$$

6.7 FORMSCHLUSS-BERECHNUNGEN

Formschluss (bei gleichmäßiger Belastung) nach DIN EN 12195-1:2021
VDI 2700ff

- gerechnet mit Beschleunigungsbeiwert 0,8 und 0,5
- µD = dynamischer Gleitreibbeiwert
- vertikale Bewegungen der Ladeeinheiten erfordern ggf. zusätzliche Sicherungsmaßnahmen
- Beachten Sie bei der Beladung die maximale Zuladung und die zulässige Lastverteilung.
- Die Ladeeinheiten sind für den möglichen Druck im Anlagebereich an den Formschluss ausgelegt.

Blockierkraft des Formschlusses	**Stirnwand Code „L“ Maximales Gewicht der Ladeeinheit/en**					
	bei µD = 0,2		**bei µD = 0,4**		**bei µD = 0,6**	
	0,8	**0,5**	**0,8**	**0,5**	**0,8**	**0,5**
50 daN	80 kg	160 kg	120 kg	500 kg	250 kg	*
100 daN	160 kg	330 kg	250 kg	1000 kg	500 kg	*
150 daN	250 kg	500 kg	370 kg	1500 kg	750 kg	*
200 daN	330 kg	660 kg	500 kg	2000 kg	1000 kg	*
250 daN	410 kg	830 kg	620 kg	2500 kg	1250 kg	*
300 daN	500 kg	1000 kg	750 kg	3000 kg	1500 kg	*
350 daN	580 kg	1160 kg	870 kg	3500 kg	1750 kg	*
400 daN	660 kg	1330 kg	1000 kg	4000 kg	2000 kg	*
450 daN	750 kg	1500 kg	1120 kg	4500 kg	2250 kg	*
500 daN	830 kg	1660 kg	1250 kg	5000 kg	2500 kg	*
550 daN	910 kg	1830 kg	1370 kg	5500 kg	2750 kg	*
600 daN	1000 kg	2000 kg	1500 kg	6000 kg	3000 kg	*
650 daN	1080 kg	2160 kg	1620 kg	6500 kg	3250 kg	*
750 daN	1250 kg	2500 kg	1870 kg	7500 kg	3750 kg	*
800 daN	1330 kg	2660 kg	2000 kg	8000 kg	4000 kg	*
900 daN	1500 kg	3000 kg	2250 kg	9000 kg	4500 kg	*
1000 daN	1660 kg	3330 kg	2500 kg	10000 kg	5000 kg	*
1250 daN	2080 kg	4160 kg	3120 kg	12500 kg	6250 kg	*
1500 daN	2500 kg	5000 kg	3750 kg	15000 kg	7500 kg	*
1750 daN	2910 kg	5830 kg	4370 kg	17500 kg	8750 kg	*
2000 daN	3330 kg	6660 kg	5000 kg	20000 kg	10000 kg	*
3000 daN	5000 kg	10000 kg	7500 kg	30000 kg	15000 kg	*
4000 daN	6660 kg	13330 kg	10000 kg	40000 kg	20000 kg	*
5000 daN	8330 kg	16660 kg	12500 kg	50000 kg	25000 kg	*

* Das maximale Ladeeinheitengewicht steht im direkten Zusammenhang zur maximalen Zuladung und der zulässigen Lastverteilung des Fahrzeugs. Der Beschleunigungsbeiwert ist kleiner als der dynamische Gleitreibbeiwert µD.

Quelle: Wistra GmbH

6.8 FÜRS GEDÄCHTNIS

✔ Die aufzubringende **Vorspannkraft beim Niederzurren** beträgt bei Druckratschen meist ca. 300 daN.

✔ Beim **Diagonalzurren die zulässige Zugkraft** der Zurrmittel beachten!

✔ Durch **Verwendung von rutschhemmenden Unterlagen** kann der Gleitreibbeiwert μ **erhöht** und so die Anzahl der Zurrmittel verringert werden.

✔ Durch Diagonalzurren lassen sich **schwere Ladegüter** einfacher sichern als durch Niederzurren.

✔ Weniger Zurrmittel – geringerer Aufwand – geringere Kosten.

6.9 KONTROLLFRAGEN

1. Sie müssen niederzurren. Ermitteln Sie anhand der Tabelle auf Seite 91 die notwendige Anzahl an Zurrmitteln einer freistehenden, standsicheren Ladung.

Folgende Werte sind Ihnen bekannt:

Gewicht der Ladung:	700 kg
Zurrwinkel α:	75°
Gleitreibbeiwert:	$\mu = 0{,}2$
Zurrmittel Wert S_{TF}:	250 daN

Antwort:

❑ A 4 Zurrmittel

❑ B 9 Zurrmittel

❑ C 8 Zurrmittel

❑ D 5 Zurrmittel

2. **Sie müssen niederzurren. Ermitteln Sie nochmals die Anzahl an Zurrmitteln einer freistehenden, standsicheren Ladung.**

Folgende Werte sind Ihnen bekannt:

Gewicht der Ladung:	1000 kg
Zurrwinkel α:	60°
Gleitreibbeiwert:	$\mu = 0{,}4$
Zurrmittel Wert S_{TF}:	300 daN

Antwort:

❏ A 2 Zurrmittel

❏ B 4 Zurrmittel

❏ C 3 Zurrmittel

❏ D 1 Zurrmittel

3. **Sie müssen diagonalzurren. Ermitteln Sie aus der Tabelle auf S. 95 das durch vier Zurrmittel zurückgehaltene Maximalgewicht einer freistehenden Ladung.**

Folgende Werte sind Ihnen bekannt:

Zurrwinkel α und β:	im vorgegebenen Bereich
Gleitreibbeiwert:	$\mu = 0{,}2$
Zurrmittel Wert LC:	500 daN
Zurrpunktfestigkeit:	450 daN

Antwort:

❏ A 400 kg

❏ B 450 kg

❏ C 500 kg

❏ D 750 kg

4. Diagonalzurren. Sie erhalten die Weisung, eine Ladung von 2000 kg auf einen Kastenwagen zu verladen und zu sichern. Lastverteilungsplan und Geometrie der Ladung lassen keine formschlüssige Verladung zu. Die Ladung ist freistehend an vier vorhandenen Zurrpunkten zu verzurren.

Folgende Werte sind Ihnen bekannt:

Zurrwinkel α und β:	im vorgegebenen Bereich
Gewicht der Ladung:	2000 kg
Gleitreibbeiwert:	$\mu = 0{,}3$
Zurrmittel Wert LC:	500 daN
Zurrpunktfestigkeit:	800 daN
Antirutschmatten (ARM):	ausreichend vorhanden

Lässt sich die Ladung den Vorschriften entsprechend sichern?

❑ A Nein, die Ladung ist zu schwer.

❑ B Nein, die Zurrpunkte können die einzuleitenden Kräfte nicht aufnehmen.

❑ C Ja, die Last könnte sogar 2500 kg schwer sein.

❑ D Ja, durch den Einsatz von ARM erhöhe ich den Gleitreibbeiwert auf 0,6. Die Last könnte dann sogar 3750 kg schwer sein.

5. **Kombinationszurren. Sie kommen mit Ihrem Kastenwagen an eine Ladestelle, an der Sie eine Stahlkiste von 1500 kg aufnehmen sollen. Eine formschlüssige Verladung ist nicht möglich. Sie stellen fest, dass Sie zur Ladungssicherung noch drei gebrauchsfähige Zurrgurte, zwei leere Europaletten sowie Antirutschmatten zur Verfügung haben. Können Sie die Ladung aufnehmen?**

   Folgende Werte sind Ihnen bekannt:

Zurrwinkel α und β:	im vorgegebenen Bereich
Gewicht der Ladung:	1500 kg
Gleitreibbeiwert:	$\mu = 0{,}1$
Zurrmittel Wert LC:	1000 daN, bei Kopflasching doppelter Wert
Zurrpunktfestigkeit:	800 daN, bei Kopflasching doppelter Wert
Antirutschmatten (ARM):	ausreichend vorhanden

❏ A Nein, ich benötige mindestens vier Zurrmittel.

❏ B Nein, die Last dürfte höchstens ein Gewicht von 1500 kg haben.

❏ C Ja, der Kastenwagen kann die Last ohne Probleme aufnehmen.

❏ D Ja, mit den zwei Europaletten bilde ich mit zwei Gurten ein Kopflasching. Den dritten Gurt setze ich ein, um die auf ARM gestellte Ladung zu fixieren.

7 WEITERE HILFSMITTEL ZUR LADUNGSSICHERUNG

Mittlerweile gibt es eine Menge zusätzlicher Hilfsmittel zur Ladungssicherung. Sie sollten möglichst am Fahrzeug mitgeführt werden.

Einige Beispiele:

7.1 ÜBERSICHT ÜBER VERSCHIEDENE HILFSMITTEL

Bild 7.1: Kantenschoner für Zurrgurte, Zurrgurtmaterialien und Rundschlingen oder Stahlecken

Bild 7.2: Eine Auswahl an Kantenschonern für Zurrgurte

Bild 7.3: Flexibler Kunststoff-Kantenschutz, um den Zurrgurt zu schützen. Holzkanten können sehr scharfkantig sein.

Bilder 7.4: Eine kleine Auswahl von rutschhemmenden Unterlagen

Die VDI 2700 Blatt 15 beschreibt u. a. den Anwendungsbereich, die Druck- und Zugbelastung, Handhabung sowie Ablegereife der rutschhemmenden Unterlagen. Bei rutschhemmenden Unterlagen darf der Mindest-Gleitreibbeiwert (Sicherheitsbeiwert) von $\mu = 0{,}4$ nicht unterschritten werden. Bei Messungen gemäß VDI 2700 Blatt 14 hat sich ergeben, dass üblicherweise ein anzunehmender Gleitreibbeiwert von $\mu = 0{,}6$ bei rutschhemmenden Unterlagen unter normalen Einsatzbedingungen angesetzt werden kann. Höhere Gleitreibbeiwerte sind häufig nur unter optimalen Bedingungen anzutreffen und werden selten erreicht.

Fordern Sie notfalls als Nutzer ein Zertifikat an, damit Sie die Einsatzmöglichkeit genau nachlesen können. Alte Förderbänder, Autoreifen usw. sind völlig ungeeignet und dürfen nicht benutzt werden. Hier drohen eventuell Bußgelder. Hüten Sie sich vor Fälschungen, davon gibt es mittlerweile viele auf dem Markt.

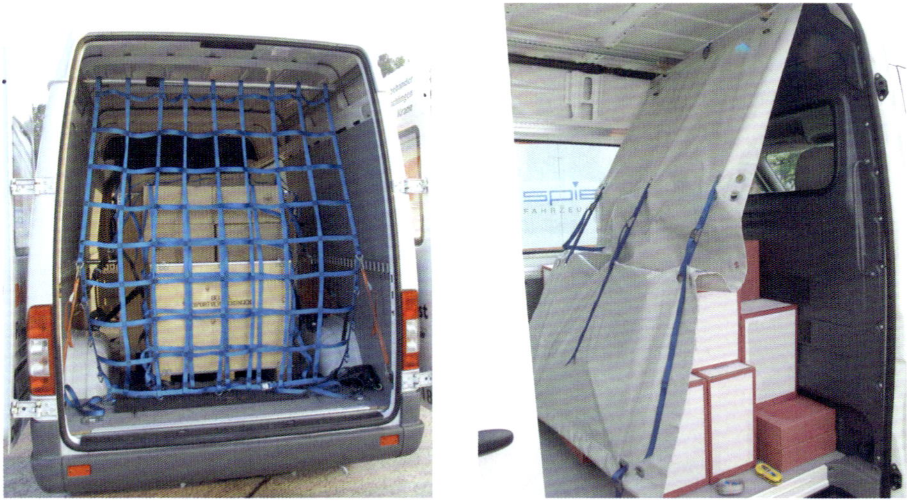

Bilder 7.5 und 7.6: Netze und Planen lassen sich unterschiedlich einsetzen. Hier als Absicherung nach hinten.

7.2 ZWISCHENWANDVERBINDUNGEN

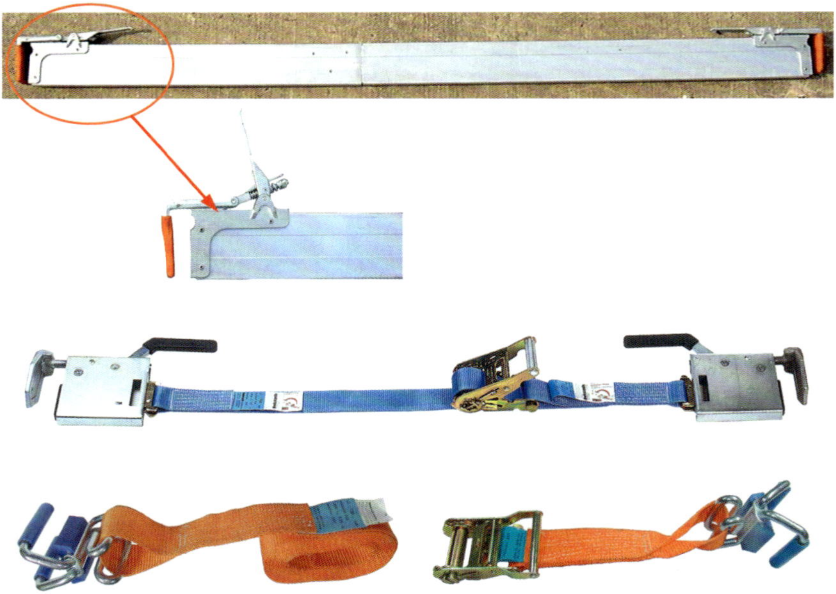

Bild 7.7: Zwischenwandverschluss (auch Klemmbrett genannt) und Bordwandanker mit Spannvorrichtung sind vielseitig einsetzbar.

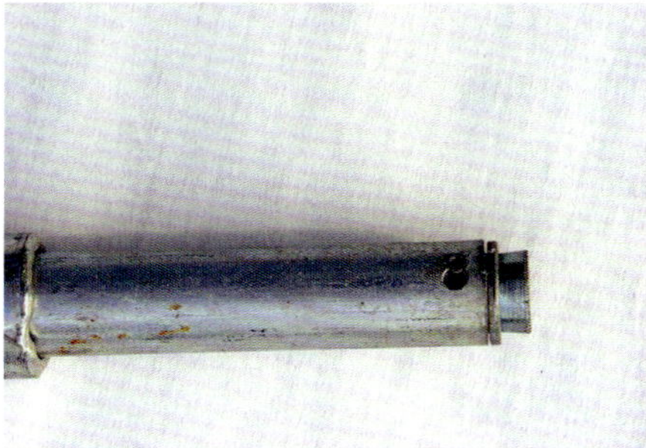

Bild 7.8: Rundsperrbalken mit Spannvorrichtung. Die Zapfen werden in einer Lochschiene verankert.

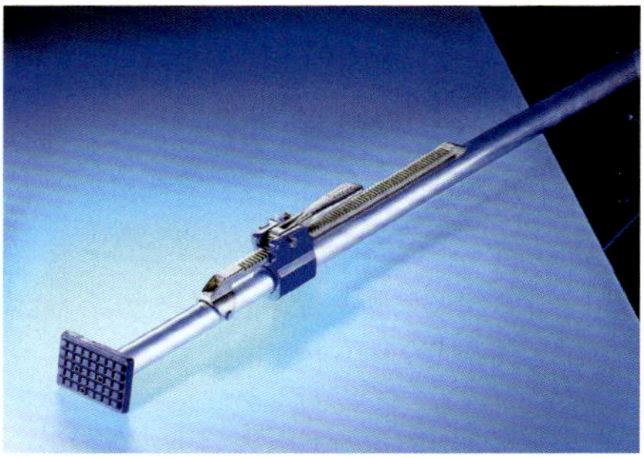

Bild 7.9: Klemmbalken aus Aluminium, verstellbar mit Gummifüßen an den Enden. Vorsicht ist geboten! Durch Verwindung des Aufbaus können sich die Klemmbalken wieder lösen. (Quelle: allsafe JUNGFALK)

Bild 7.10: Klemmeinstecktaschen sollten nur zur **Sicherung leichter Ladegüter** wie z. B. Kartons, Kanister, kleine Kisten usw. eingesetzt werden. Der Grund liegt in der Beschaffenheit der Spriegelbretter (Holz oder Aluminium). Sie können schwere Lasten nicht zurückhalten.

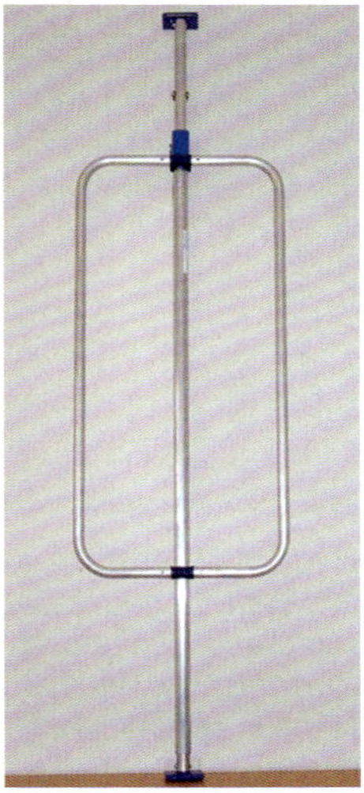

Bild 7.11: Klemmstange mit Aufsteckrahmen, flexibel auf- und abwärts bewegbar, um das Ladegut zurückzuhalten. (Quelle: allsafe JUNGFALK)

7.3 HOLZ

Bild 7.12: Rundhölzer sind als Unterlage nicht geeignet. Die Hölzer rollen mit der Ladung trotz Ladungssicherung weg.

Bild 7.13: Ein rechteckiges Kantholz ist zum Unterlegen geeignet. Es kann nicht rollen.

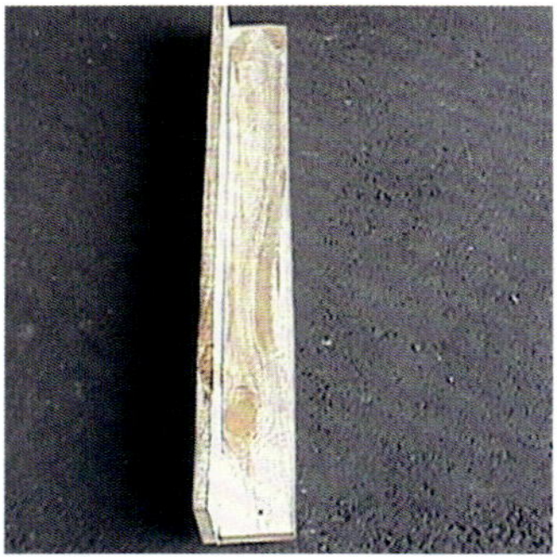

Bild 7.14: Bretter zur Nutzung als Kantenschutz. Jedoch sollten diese Winkelbretter für die Zurrmittel keine zu scharfen Kanten aufweisen.

Bild 7.15: Paletten zum Zwischenstellen, um Ladelücken zu vermeiden (Draufsicht)

7.4 SCHIENEN

Bild 7.16: Schlitzschiene zum seitlichen Befestigen von Ladegut (Quelle: Bolenius)

Bild 7.17: Der AIRLINE-BEAM dient in Verbindung mit parallel laufenden Airline-Zurrschienen in Fahrzeugen, Anhängern oder sonstigen Transportmitteln zur formschlüssigen Ladungssicherung. Er kann horizontal wie auch vertikal zur Ladungssicherung verwendet werden. Die beidseitigen Airline-Automatik-Zapfen werden jeweils in einem Lochpaar der Airline-Zurrschiene arretiert. (Quelle: Wistra)

Bild 7.18: Verschiedene Ausführungen von Schienensystemen (Quelle: Wistra)

Bild 7.19: Für Schienen gibt es entsprechende Zurrgurte. (Quelle: Wistra)

7.5 UMREIFUNGEN, SCHRUMPFEN UND WICKELN

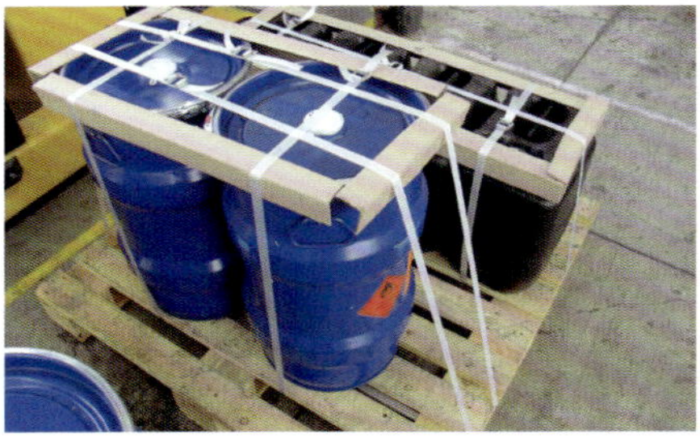

Bild 7.20: Pappwinkel eignen sich gut als Kantenschutz, um z. B. mit Hilfe von Einweggurtbändern eine Ladeeinheit herzustellen.

Bild 7.21: Einsatz von Schrumpffolie, um bei nicht brennbarem Gefahrgut (UN 1463) eine Ladeeinheit zu bilden. Beim Schrumpfen ist jedoch eine Gefährdungsbeurteilung zu erstellen und der Feuererlaubnisschein muss vorliegen.

Bilder 7.22 und 7.23: Auch hier das Bilden von Ladeeinheiten, wobei Akkumulatoren mit der Palette verbunden wurden.

Bilder 7.24a und b: Fass-Sicherung in einem Kfz und auf Palette

7.6 FÜRS GEDÄCHTNIS

- ✔ **Ladungssicherungshilfsmittel** erleichtern das Sichern.
- ✔ **Kantenschoner schützen** Zurrmittel und Ladegut.
- ✔ **Zwischenwandverbindungen** halten **nur begrenzt** die Ladung zurück.
- ✔ Rundschlingen und Kopfbänder für **Kopflasching** einsetzen.
- ✔ **Netze und Planen** sind für viele Ladegüter geeignet.
- ✔ **Schienensysteme** in Kofferaufbauten sind für die Sicherung gut geeignet.
- ✔ Bei guten **rutschhemmenden Unterlagen** kann von **$\mu = 0{,}6$** ausgegangen werden.
- ✔ Mit **Staupolstern** lassen sich **Ladelücken** ausfüllen.
- ✔ Das Bilden von **Ladeeinheiten** kann die Ladungssicherung erheblich vereinfachen.

7.7 KONTROLLFRAGEN

1. Ladungssicherungshilfsmittel, wie senkrecht angebrachte Netze oder Planen, halten die Ladung z. B. in oder entgegen der Fahrtrichtung zurück. Stimmt das?

- ❒ A Ja, aber nur, wenn die Ladung das Fahrzeug sonst ausfüllt und kein Verschieben der Ladung zustande kommt.
- ❒ B Ja immer, Plane und Netze sind sicher.
- ❒ C Nein
- ❒ D Netze und Plane sind nur zum Auflegen auf die Ladung geeignet.

2. Welche Aufgabe haben Kantenschoner?

- ❒ A Sie schützen die Ladefläche vor Beschädigungen.
- ❒ B Sie schützen den Zurrgurt und die Ladung vor Beschädigungen.
- ❒ C Sie ermöglichen das schnelle Lösen des Zurrmittels nach dem Transport.
- ❒ D Sie bewirken die volle Übertragung der in den Gurt eingeleiteten Kräfte.

3. Wodurch lassen sich u. a. Ladelücken auf der Ladefläche schließen oder vermeiden?

- ❒ A Durch Herstellen von Formschluss, z. B. durch Ausfüllen der Freiräume mit Paletten
- ❒ B Durch den Einsatz von Zurrnetzen
- ❒ C Durch eine erhöhte Anzahl von Folienwicklungen
- ❒ D Durch Einsatz von rutschhemmenden Unterlagen

4. Wo sind die Ablegekriterien für Antirutschmatten beschrieben?

- ❒ A in der VDI 2700 Blatt 14
- ❒ B in der VDI 2700 Blatt 15
- ❒ C auf dem Etikett der Antirutschmatte
- ❒ D Es gibt keine Ablegekriterien.

8 MÖGLICHKEITEN DER LADUNGSSICHERUNG AUF PRITSCHEN- UND KASTENFAHRZEUGEN UND PKW

8.1 SICHERUNG SPEZIELLER LADEGÜTER AUF UNTERSCHIEDLICHEN FAHRZEUGEN

8.1.1 Langgut

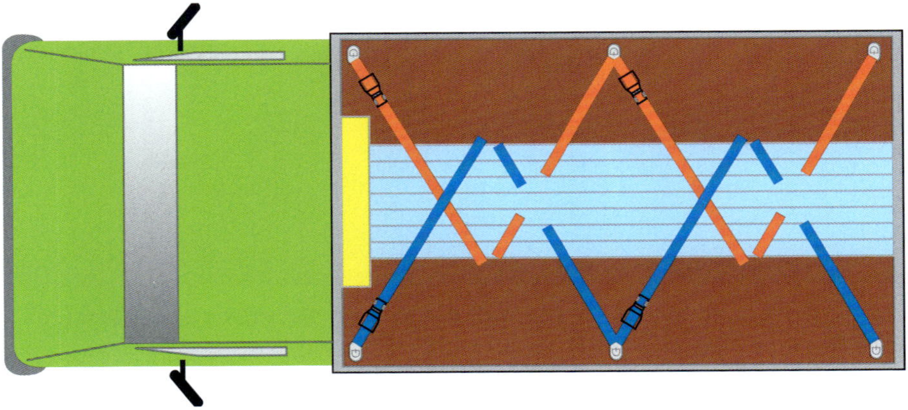

Bild 8.1: Umspannung des Ladegutes, auch Buchtlasching genannt. Anmerkung: Bei Doppelbelegung des Zurrpunktes bitte Belastung beachten.

1. Die Ladung (Langmaterial, z. B. Rohre, Rundstäbe, Stahlprofile usw.) kann durch Umspannen und sollte nach Möglichkeit immer mit Formschluss nach vorn und hinten gesichert werden.
2. Der Formschluss nach vorn zur Stirnwand und nach hinten zur Heckklappe sollte durch Zwischenlegen von Paletten oder Kanthölzern erreicht werden. Diese sind dann ebenfalls zu sichern.
3. Ist der Formschluss nicht durchführbar, besteht die Möglichkeit, Kopfbuchten (auch Kopflasching genannt, → *Bild 8.9*) einzusetzen.
4. Beim Beladen des Fahrzeuges ist auf die richtige Lastverteilung und die vorhandenen Zurrpunkte zu achten.
5. Beurteilung und Festlegung des µ-Wertes. Alternativ sind nach Möglichkeit Antirutschmatten zu verwenden.
6. Als Unterlage bei Langmaterial sind rechteckige Kanthölzer zu verwenden.
7. Es müssen zum Umspannen geeignete Zurrmittel je nach Gewicht der Ladung eingesetzt werden. Auf den LC-Wert der Zurrmittel ist zu achten!
8. Die Zurrmittel werden nur handfest gespannt, so dass die Zurrmittel nicht durchhängen bzw. durchschlagen. Es ist darauf zu achten, dass die Spannrolle der Gurtratsche nicht zu viel loses Gurtband aufwickelt.

Bild 8.2: Zwei Umspannungen hätten hier gereicht, um die Ladung ausreichend zu sichern.

8.1.2 Ladegut zum Niederzurren

Bild 8.3: Dieser Transportbehälter für Airbagmodule (ohne Formschluss) ist stabil genug, um mit 250 daN niedergezurrt zu werden.

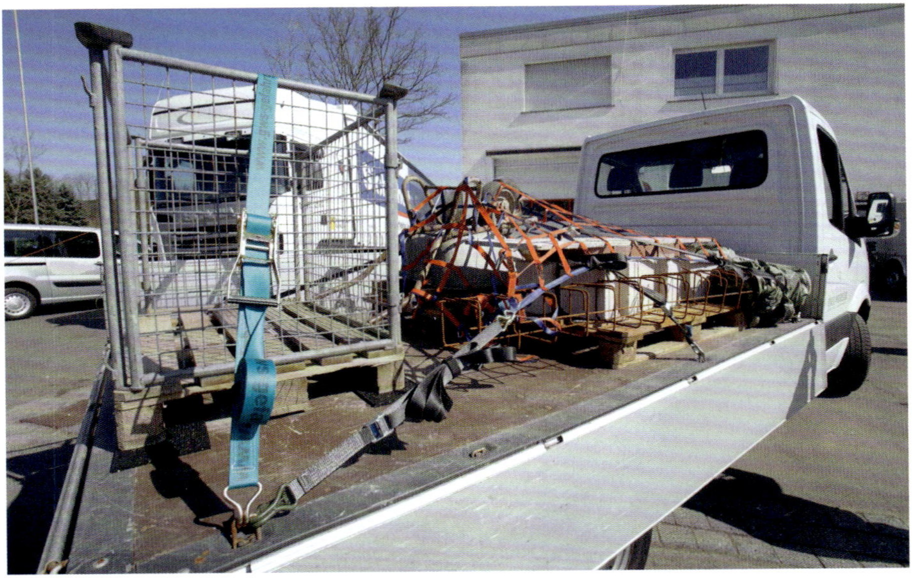

Bild 8.4: Auch Leerpaletten müssen gesichert werden. Die Gitterboxpalette steht auf Antirutschmatten und wurde mit einem Zurrgurt niedergezurrt. Vorn ist das Baumaterial mit einem Netz gesichert.

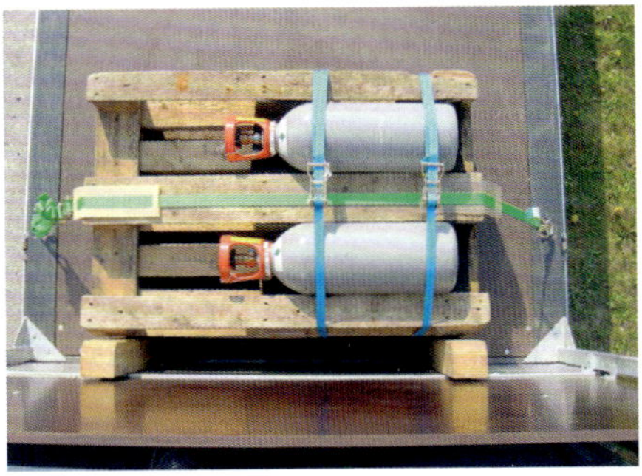

Bilder 8.5 und 8.6: Gasflaschen mit Bündelgurten auf Paletten gesichert, die Gasflaschen auf Antirutschmatten gelegt. Durch Kanthölzer zur Stirnwand wird Formschluss nach vorn erreicht. Der Zurrpunkt kann somit besser genutzt werden.

Hinweis: Bei Gasflaschentransporten z. B. im Kastenfahrzeug darf nach ADR CV36 kein Gasaustausch zwischen Ladeabteil und Fahrerhaus möglich sein. Siehe auch das Merkblatt „Beförderung von Gasflaschen" der IHK Schwaben: https://www.ihk.de/schwaben/

*Bild 8.7: Dieses Fahrzeug ist für den Transport von Gasflaschen **nicht geeignet**. Bei einem evtl. Auffahrunfall besteht die Gefahr, dass das Verschlussventil beschädigt wird und es zu einem großen Schaden kommt. Hinzu kommt, dass ein sicherer Transport von Gasflaschen nach ADR, z. B. 7.5.7.1, so nicht erlaubt ist.*

8.1.3 Ladegut zum Diagonalzurren

Bild 8.8: Eine weitere Möglichkeit ist das Kopflaschingverfahren. Hier lassen sich schwerere Transportgüter auch mit kleinen Gurtmaterialien schnell und gut sichern.

Bild 8.9: Kopflasching mit einer Rundschlinge ist eine sehr effektive Möglichkeit der Ladungssicherung.

Bild 8.10: Dieser Gabelstapler wurde durch Diagonalzurren gesichert.

Bild 8.11: Diagonalzurren beim Minibagger. Am Laschpunkt des Minibaggers wurde ein entsprechender Schäkel und ein Stahlring eingesetzt. Die Ladefläche hätte jedoch besenrein sein müssen und nicht so versandet.

8.1.4 Ladungssicherung von Stückgut mit Zurrnetzen oder Zurrplanen

Der Transport von Stückgut ist oftmals nicht einfach. Das zu transportierende Ladegut kann sehr häufig nicht niedergezurrt werden, da die Verpackungen nicht stabil genug oder andere Sicherungsarten sehr aufwändig sind. Hierzu einige Vorschläge zur Sicherung solcher Ladungen.

1. Der Einsatz von Zurrnetzen oder Zurrplanen ist beim Transport von nicht niederzurrbaren Ladegütern zu empfehlen.
2. Klemmbretter, Klemmbalken und Spriegelbretttaschen können für leichte Transportgüter begrenzt eingesetzt werden.

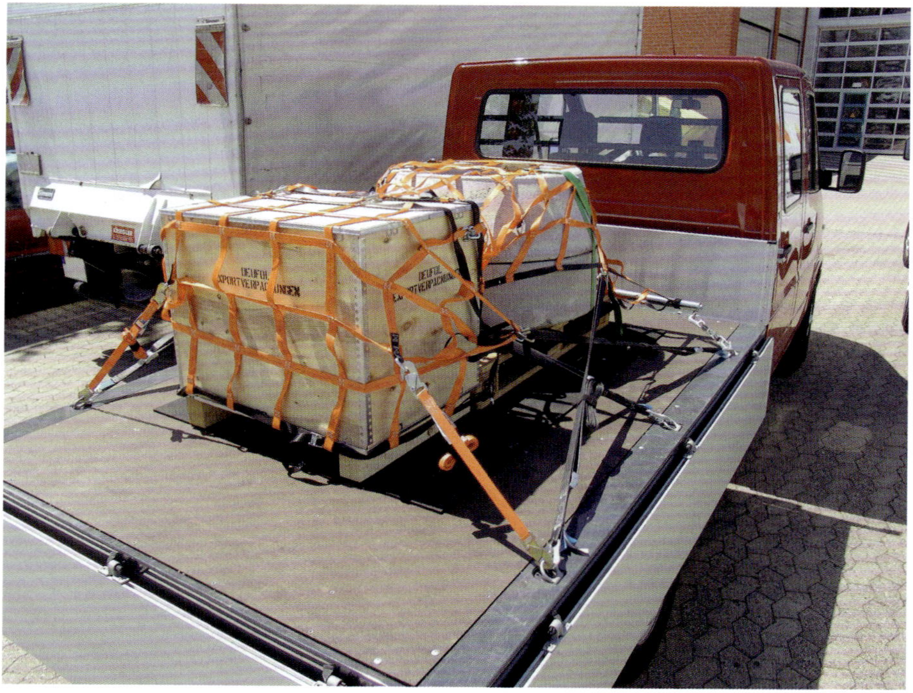

Bild 8.12: Der Einsatz von Zurrgurtnetzen ist ebenfalls eine schnelle und sichere Ladungssicherung.

Bild 8.13: Eine größere Variante des Zurrgurtnetzes, hier mit einer Querstange, damit die Ladung formschlüssig herangestellt werden kann, ist bei den kleinsten der Nutzfahrzeuge einsetzbar.

Bild 8.14: Alles, was mit einem Pkw, Pkw-Kombi oder Mehrzweck-Pkw transportiert wird, kann mit einem solchen Zurrgurtnetz sehr gut gesichert werden. (Quelle: Dolezych)

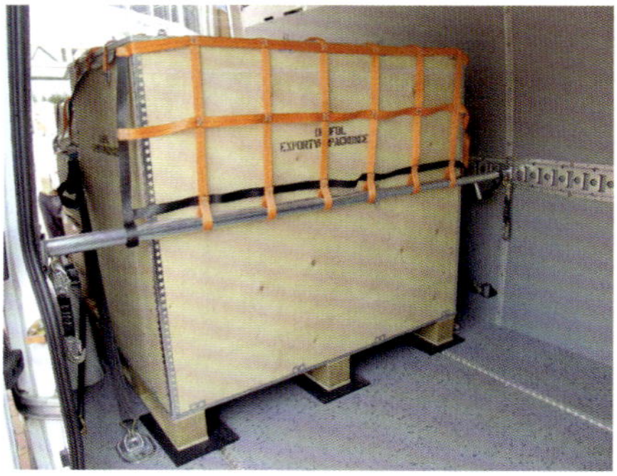

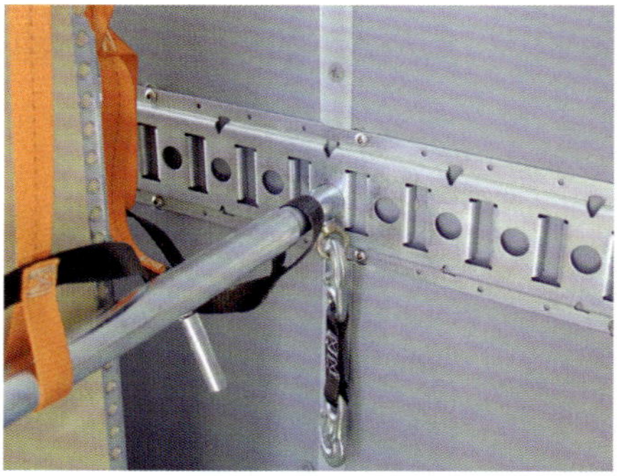

Bilder 8.15 und 8.16: Bei diesem Kleintransporter (Kastenwagen) ist zusätzlich ein Schienensystem eingebaut worden. Somit lässt sich das Zurrgurtnetz für dieses Fahrzeug noch variabler einsetzen. Die Querstange ist bei diesem Netz ausziehbar. Die Ladung wurde ebenfalls formschlüssig herangestellt.

Bild 8.17: Solch eine Zurrgurt-Seilnetz-Kombination mit Querstange sichert unterschiedlich große Ladegüter. Die Palette steht auf Antirutschmatten. (Quelle: Dolezych)

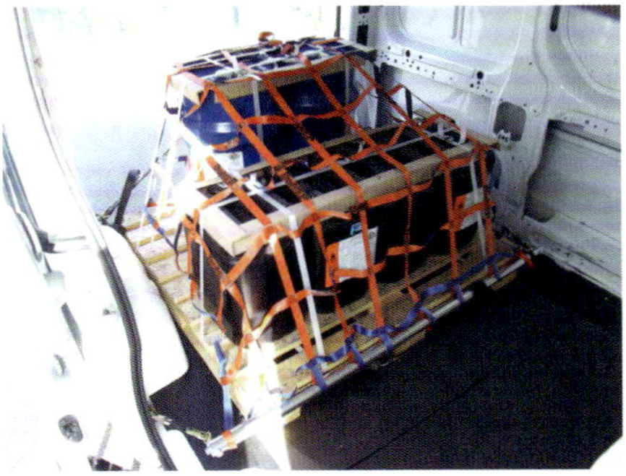

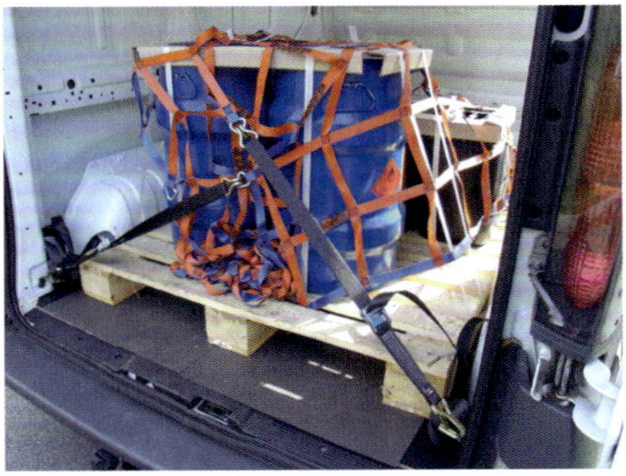

Bilder 8.18 und 8.19: Zurrgurtnetze mit Querstangen lassen sich vielseitig einsetzen. Im hinteren Bereich ist das Diagonalzurren eine einfach anzuwendende Ladungssicherung. Die Palette steht auch hier auf Antirutschmatten.

Bilder 8.20 und 8.21: Trennnetze in Verbindung mit Schienen- und Stangensystemen bieten ebenfalls Möglichkeiten zur Sicherung nach hinten oder vorn.

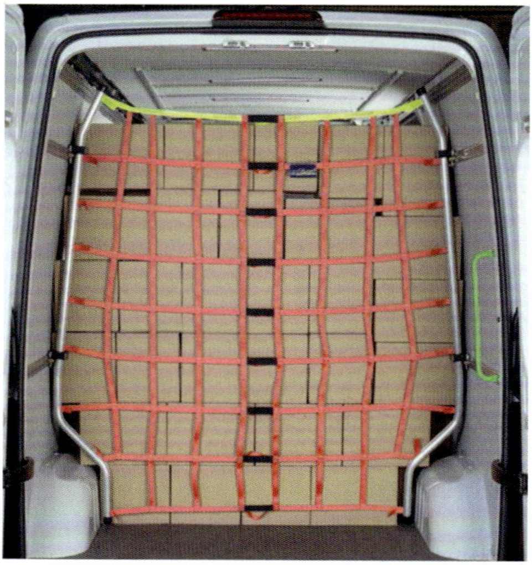

Bild 8.22: Zurrgurttrennnetz, um die Ladung nach hinten zu sichern (Quelle: Wistra)

Bild 8.23: Bei Klein-Lkw bis 7,5 t sind Trennnetze in Verbindung mit Stangensystemen eine Möglichkeit zur Sicherung nach hinten.

Bild 8.24: Bei vielen Einzel-Gütern, wie z. B. Baustellenmaterial, ließe sich ein Zurrgurtnetz zur Ladungssicherung gut einsetzen.

Bild 8.25: Solche Netze sind zum Fischen durchaus geeignet, jedoch nicht in der Ladungssicherung. Dieser Unternehmer scheint sich keine Gedanken über die Ausstattung von Fahrzeugen und sein Ladegut zu machen. Der Zurrgurt ist ebenfalls völlig lose.

Bild 8.26: Vielleicht haben sich Kraftfahrer und Halter gedacht, dieser Wirrwarr könnte ein Trennnetz ersetzen. Mit Ladungssicherung hat dies jedoch nichts zu tun. Ausbildung des Kraftfahrers und der Verantwortlichen – Fehlanzeige.

Bild 8.27: Dieses Netz ist zur Abdeckung von Strauchgut usw. geeignet. Hier hat man aber versucht, einen kleinen Plattenrüttler und weitere Gartengeräte mit dem Netz zu sichern. Das Netz ist nur leicht darüber gelegt.

Transportgutabdeckung

Abdeckplanen

1. Abdeckplanen einzusetzen ist der richtige Weg, damit die Ladung nicht von der Ladefläche weht.
2. Ist zudem auch noch die Leiter gesichert, damit die Plane nicht beschädigt werden kann, ist die Ladungssicherung in Ordnung.

Bild 8.28: Abdeckplane zur Ladungssicherung, z. B. für Schüttgut wie Sand usw.

8.1.5 Sonstige Ladungssicherungssysteme

Bilder 8.29 und 8.30: Leichte Ladegüter können mit Klemmeinstecktaschen und mit Zurrgurten bei geringer Vorspannkraft gesichert werden.

Bilder 8.31 und 8.32: Bordwandanker lassen sich leicht einsetzen und halten das Ladegut zurück.

8.2 LADUNGSSICHERUNG VON STÜCKGUT IN KASTENFAHRZEUGEN

Dieses Kastenfahrzeug *(Bild 8.33)* bietet vielseitige Möglichkeiten zur Ladungssicherung.

1. Es verfügt über Seitenschienen, wo Sicherungsstangen und Bordwandanker eingesetzt werden können.
2. Zurrpunkte und Zurrmaterialien sind ebenfalls ausreichend vorhanden.
3. Darüber hinaus verfügt das Kastenfahrzeug über eine stabile geschlossene Trennwand zum Fahrgastraum. Dadurch werden Kraftfahrer und Beifahrer vom Ladegut getrennt und geschützt.
4. Der Einsatz von Antirutschmatten ist auch bei Kleintransportern sinnvoll.

Bild 8.33: Dieser Kastenwagen bietet genügend Sicherungsmöglichkeiten. Das Fahrzeug hat nach ADR eine EX/II-Zulassung. (Quelle: Bilder 8.33 u. 8.34, J. Bolenius, Bremen)

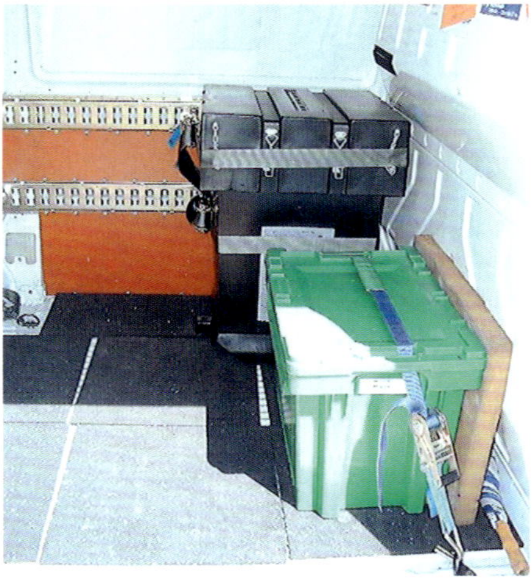

Bild 8.34: Besser lässt sich ein Fahrzeug zur Ladungssicherung nicht ausrüsten, um allgemeines Ladegut und sogar Gefahrgut sicher zu transportieren.

Bild 8.35: Im Expressdienst werden oft klappbare Expressregale eingesetzt, die leicht zu bedienen sind.

Bild 8.36: Doppelte Nutzung: Die Unterseiten der Regalböden sind mit integrierten Verzurrschienen versehen.

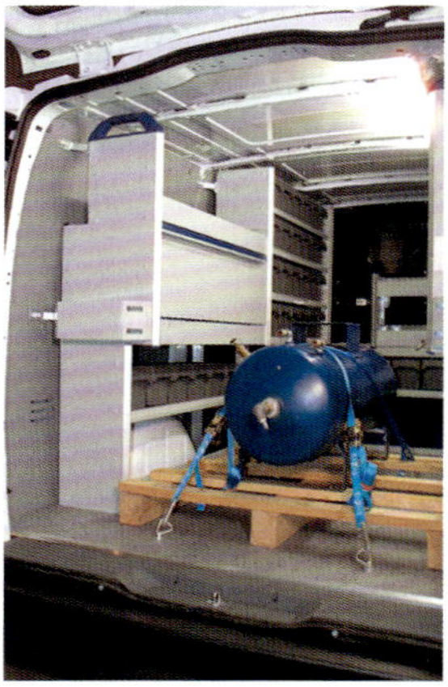

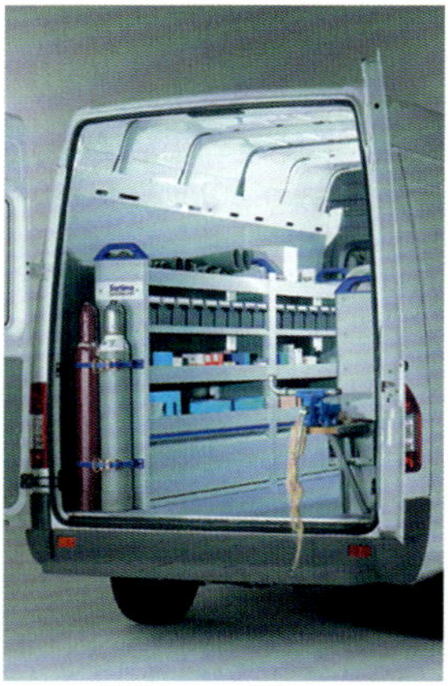

Bilder 8.37 – 8.39: Spezielle Innenausbauten (z. B. Werkstattausstattung für Sanitär-, Elektriker- oder andere Handwerkerbereiche) sind möglich. Zurrpunkte im Bodenplattenbereich erleichtern ebenfalls die Ladungssicherung. (Quellen: Bilder 8.35 bis 8.38 Sortimo, Bild 8.39 Bott)

Bild 8.40: Höhenverstellbare Klappregale sowie Rundsperrbalken als Stütze für Transportgüter, die mit Zurrgurten gesichert werden.

Bild 8.41: Rückhaltesysteme an Boden- und Seitenschienen. Im Dachbereich sind Vorrichtungen, um Kleidung zu transportieren. (Quellen: IN tIME Direkt-Kuriere und Sortimo)

Bilder 8.42 und 8.43: Diese Innenausrüstung beim Kleintransporter bietet eine Menge an Möglichkeiten, Ladung schnell und gut zu sichern.

Bilder 8.44 und 8.45: Verschiedene Schienen- und Stangensysteme bieten gute Möglichkeiten der Sicherung.

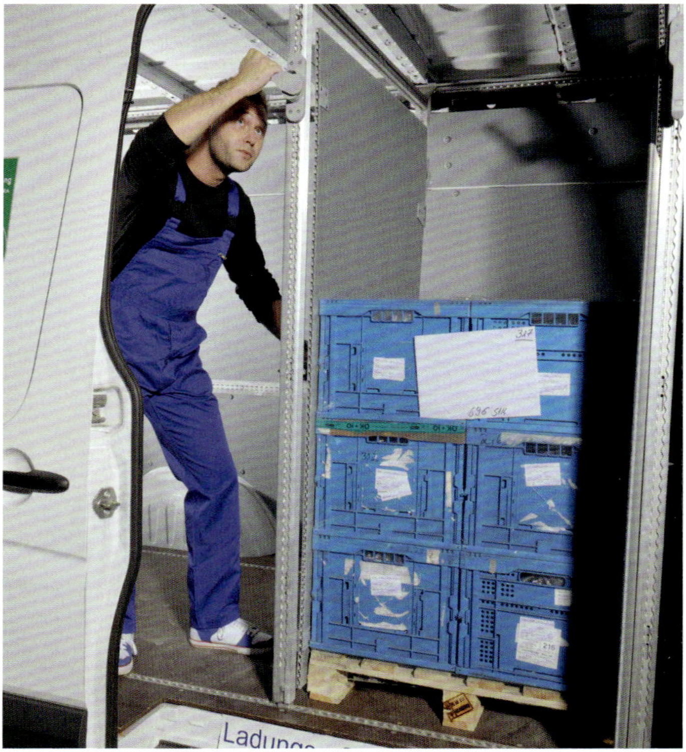

Bild 8.46: Auch Trennwände sind im Kastenwagen einsetzbar. (Quelle: DGAS)

Bilder 8.47 und 8.48: Verschiedene Ausbauten bei einem Kleintransporter (Kastenwagen). (Quelle: formtrans)

Bild 8.49: Marke Eigenbau darf es jedoch nicht sein. Hier sind keine Daten über die Festigkeit der Regale vorhanden. Der Halter hat am falschen Ende gespart.

Bilder 8.50 – 8.52: Es kann schon mal eng werden mit den vorhandenen Zurrpunkten. Mit etwas Anstrengung lässt sich aber auch diese Ladung sichern.

8.3 MÄNGEL BEI DER LADUNGSSICHERUNG

8.3.1 LADUNGSSICHERUNGSMÄNGEL BEI PRITSCHEN- UND KASTENFAHRZEUGEN

Beispiel:

Angesichts dieses Bildes (→*Bild 8.53*) sollte jedem Kraftfahrer klar sein, dass diese Ladung **nicht** gesichert ist. Stahlfelgen aufeinander gestapelt ohne jegliche Sicherung – das ist absoluter Leichtsinn. Direkt in Kopfhöhe des Kraftfahrers „lauern" diese Felgen auf eine Vollbremsung. Da das Fahrzeug keine Trennwand besitzt, kann die Ladung im Fall einer Vollbremsung ungehindert nach vorn rutschen.

Dieser Transport stellt nicht nur eine starke Verkehrsgefährdung dar, er ist auch eine lebensbedrohende **Gefahr** für den Fahrer und andere Verkehrsteilnehmer. Über eine derartig mangelhafte Ladungssicherung sollte sich der Fahrzeugführer einige Gedanken machen.

Bild 8.53: Stahlfelgen ohne Sicherung direkt in Kopfhöhe des Kraftfahrers transportiert. Hier lauert „der Tod im Nacken".

8.3 Mängel Ladungssicherung

Bild 8.54: Das ist wohl kaum der richtige Platz. Das Ladegut (Holzstiele) darf nicht auf dem Beifahrersitz transportiert werden.

Bild 8.55: Ladungssicherung in Kastenwagen wird sehr häufig vernachlässigt. Bei den jedoch gefahrenen Geschwindigkeiten ist die Trennwand zum Fahrgastraum bei dieser Holzkiste sicherlich überfordert.

Bild 8.56: Die Kartons halten bei einer Vollbremsung den Druck der hinteren Ladegüter sicher nicht aus.

Bilder 8.57 und 8.58: Zwei unterschiedliche Fahrzeuge, doch von Ladungssicherung im Kastenwagen haben beide Fahrzeugführer noch nie etwas gehört. Gasflaschen in beiden Fahrzeugen heißt, Gefahrguttransport in kleinen Mengen. Das bedeutet für den Fahrzeugführer nicht nur eine hohe Geldbuße, sondern auch Lebensgefahr für Fahrer und andere Verkehrsteilnehmer. Bei angeschlossenen Gasflaschen kann das Gas ausströmen – und wenn dann noch geraucht wird…

Bild 8.59: Ob der Vorhang diese Gefahrgutfässer bei einer Vollbremsung wohl zurückhält?

Bild 8.60: Die Gasflaschen wurden aufwendig auf der Palette gesichert. Die Palette selbst steht jedoch, wie auch der Rest der Ladung, ungesichert auf dem Fahrzeug (lose Schüttung).

Bilder 8.61 und 8.62: Kindersitz, Schubkarre und Baumaterial völlig ungesichert direkt im Nacken. Die Aussage des Kraftfahrers: „Ja ich weiß, aber ich fahre ja langsam und vorsichtig."

Bild 8.63: Es gibt Unternehmer, die an der falschen Stelle sparen. Dieses Fahrzeug hat zur Absicherung nach vorn für den Kraftfahrer nur ein grobes Gitter als Rückhaltevorrichtung, jedoch keine Trennwand. Beim Beifahrer fehlt es total. Zurrgurte zur Sicherung der Ladung sind ebenfalls nicht vorhanden. (Quelle: Riger)

Bild 8.64: Steintransport in loser Schüttung. So geht es nicht!

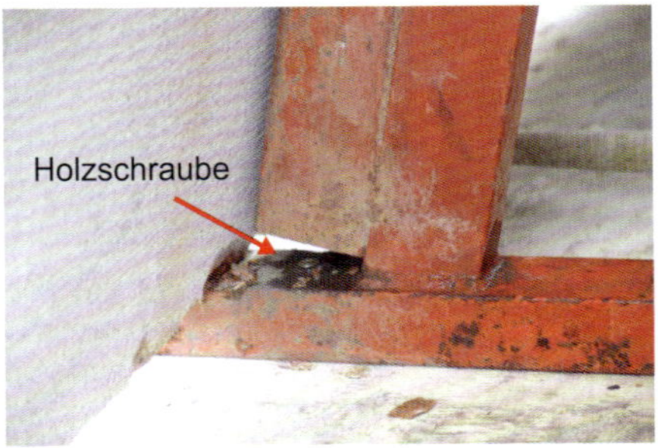

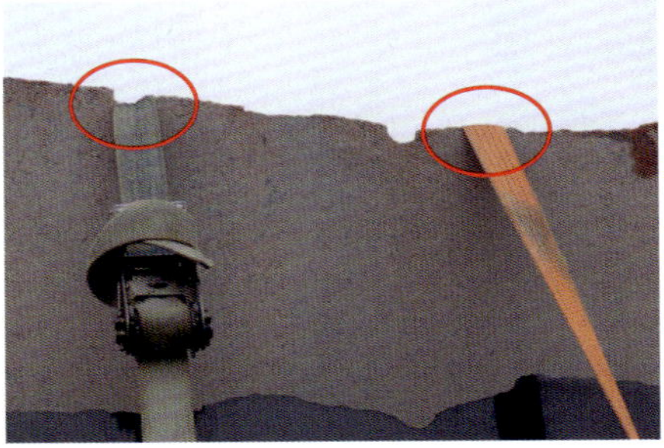

Bilder 8.65 – 8.67: Marmorplatten auf einem A-Bock-Gestell. Das Gestell ist nur mit kleinen Holzschrauben auf der Ladefläche verschraubt.

Bilder 8.68 und 8.69: Nach Beendigung der Dachdecker-Arbeiten fällt Baumüll an, der entsorgt werden muss. Doch man nimmt es mit der Ladungssicherung nicht so genau. Dass diese Nachlässigkeit den Handwerker selbst und andere in Gefahr bringt, scheint ihm nicht klar zu sein.

Bilder 8.70 und 8.71: Am Anfang steht die völlige Ratlosigkeit. Wie sichere ich nur? Nehme ich einen Zurrgurt oder wie auf Bild 8.70 doch ein Seil? Erwachsene Menschen, die kein Verantwortungsbewusstsein haben und ohne Ladungssicherung über die Autobahn fahren, aber dann zu Hause ihren Kindern sagen, dass sie nicht auf heiße Herdplatten fassen sollen, weil das weh tut.

Bild 8.72: Holz so zu transportieren ist leichtsinnig. Es wurden zwar Zurrgurte benutzt, jedoch reichen diese nicht aus. Die Losenden sind ebenfalls nicht gesichert und können andere Verkehrsteilnehmer verletzen bzw. schädigen.

Bild 8.73: Die wehende Plane lädt die Polizei geradezu zum Anhalten ein. Hier gibt es sicherlich noch mehr zu entdecken, was nicht gesichert wurde.

Bild 8.74: ***Ein*** *Zurrgurt soll diese Ladung sichern. Das ist keinesfalls ausreichend und stellt eine Gefahr für den Kraftfahrer und andere Verkehrsteilnehmer dar.*

Bild 8.75

Bild 8.76

Bild 8.77

Bild 8.78

Bilder 8.75 – 8.78: Ob lose Schüttung, „Sicherung“ mit nur einem Zurrgurt oder die hintere Bordwand beim Fahren geöffnet – solch gefährliche Praktiken von Fahrzeugführern oder Verladern sind leider noch häufig anzutreffen.

*Bild 8.79: Dieser eine Zurrgurt **soll** das Gerät auf der Ladefläche sichern. Es wurde sogar ein Kantenschoner benutzt, damit der Zurrgurt nicht beschädigt wird. Am Gerät sind Möglichkeiten für eine Diagonalzurrung gegeben, wurden jedoch nicht genutzt.*

8.3.2 Ladungssicherungsmängel bei Fahrzeugen mit Anhänger

Bild 8.80: Dieser Transport ist äußerst leichtsinnig. Zwei Spanngurte reichen für die Ladung sicherlich nicht aus. Das Holz wurde auf quadratische Kanthölzer gelegt. Diese wirken, wenn sie in Bewegung kommen, wie Rollen.

Bild 8.81: Irgendwo in Deutschland … Hier wird in falscher Richtung gefahren und während der Fahrt im Stehen die Ladung zu sichern versucht!

Bild 8.82: Hier stimmt zwar die Fahrtrichtung, von Ladungssicherung jedoch keine Spur!

Bild 8.83: Die Steigerung von „leichtsinnig" scheint dieser Transport zu sein. Der Kraftfahrer hat Nägel in die Lichtmasten geschlagen. Der Zurrgurt soll dann die Ladung an den Nägeln festhalten!!??

Bild 8.84: Der Kraftfahrer ist anscheinend der Meinung, wenn ein Teil der Stahlelemente gesichert wurde, reicht das aus. Allein der Zurrpunkt des Zurrgurtes ist sehr fragwürdig.

Bild 8.85: Zwei beschädigte Zurrgurte darüber und los geht's. Dass diese Gerüstteile jedoch völlig ungesichert auf dem Anhänger liegen, ist dem Fahrer wohl nicht bewusst. Eine Ladungssicherungs-Ausbildung wäre hier angebracht. (Quelle: Riger)

Bild 8.86: Felgen in „loser Schüttung“. Der Fahrer scheint zu denken, Altmetall muss man nicht sichern! (Quelle: G. Pingel)

Bild 8.87: Überladung, Lastverteilung nicht beachtet usw. Nun haben die platten Reifen die Weiterfahrt erst einmal beendet.

Bild 8.88: Der blaue Tank ist mit Sicherheit leer, doch auch so sind Lastverteilung und Sicherung des Tanks nicht in Ordnung.

Bild 8.89: Der Gitter-IBC ist zwar voll und steht mit ca. 1000 kg schön formschlüssig, Lastverteilung und Sicherung sind jedoch mangelhaft.

Bild 8.90: Kleinbagger sind täglich im Einsatz, doch ihr Transport erfolgt kaum, falsch oder gar nicht gesichert. Zu beklagen sind fehlende Zurrmöglichkeiten an den Kleinbaggern. Die dennoch angebrachten sind nur schlecht zu benutzen. Oftmals sitzen diese zwischen den Gummilaufketten am Rahmen. Zum Sichern des Baggers ist der hohe Schwerpunkt jedoch zu berücksichtigen. Zurrmöglichkeiten sollten vom Hersteller an mehreren Stellen angebracht werden, damit sicher transportiert werden kann.

Dachgepäck

Bild 8.91: Dachlast auf einem Pkw, mit einem Zurrgurt am Heckscheibenwischer (!) befestigt. Man muss sich schon fragen, ob dieser Kraftfahrer überhaupt einen Führerschein hat und wenn ja, bei welcher Fahrschule er ausgebildet wurde.

Bild 8.92: Der Fahrer hatte gar nicht bemerkt, dass sich seine Ladung auf dem Dach schon verdreht hatte und kurz vor dem Herabfallen war. Vermutlich nahm die Ladung im Innenraum seine volle Aufmerksamkeit in Anspruch – siehe Bilder 8.93 bis 8.95.

Bilder 8.93 – 8.95: Hier wurde sogar das Innenfenster entfernt, damit die Ladung hineinpasst.

Einige Bestimmungen, die beim Gasflaschentransport nach ADR zu beachten sind:

- Dichtheit, Schutz der Verschlussventile
- Verladung vorzugsweise in offenen oder belüfteten Fahrzeugen oder Containern, ansonsten Kennzeichnung „ACHTUNG KEINE BELÜFTUNG VORSICHTIG ÖFFNEN". Ein Gasaustausch zwischen dem Ladeabteil und dem Fahrerhaus muss verhindert werden. (3.2 Tabelle A Spalte 18, 7.5.11 (CV 36) ADR).
- Beachtung der Vorschriften für die Handhabung und Verstauung – Ladungssicherung – Schutz gegen Beschädigung (3.2 Tabelle A Spalte 18, 7.5.7 und 7.5.11 (CV 9/ CV 10) ADR), u. a.
- Die Flaschen müssen in den Fahrzeugen so verstaut werden, dass sie nicht umfallen oder herabfallen können.
- Einrichtungen zur Beförderung von Flaschen (z. B. Boxpaletten, Rahmengestelle) müssen selbst gesichert sein.

Siehe auch das Merkblatt „Beförderung von Gasflaschen" der IHK Schwaben: https://www.ihk.de/schwaben/

Bilder 8.96 und 8.96a: Gefahrguttransport ohne richtige Ladungssicherung. Der Kraftfahrer bezahlt bei solchen Verstößen 300,– €, der Verlader 500,– € und der Beförderer, wenn nicht richtige oder ausreichende Zurrmittel mitgegeben wurden, 800,– € Bußgeld (→ auch Themenbereich 8.5).

Seit 01.05.2014 gibt es eine Änderung im Fahreignungs-Bewertungssystem bei mangelhafter Ladungssicherung in Verbindung mit ADR-Transporten (Abschnitt 7.5.7 Handhabung und Verstauung). Außer mit hohen Bußgeldern müssen **jetzt** auch der Beförderer, der tatsächliche Verlader und der Fahrzeugführer mit **einem Punkt** rechnen.

8.4 UNFÄLLE

Fast täglich hört oder liest man in den Medien, dass Ladegüter, Ladungssicherungsmittel oder Hilfsmittel auf den Straßen liegen, zum Beispiel:

„Die Fracht nicht richtig festgezurrt. Holzladung verursachte Busunglück“.

Oder wie bei dem Beispiel auf den folgenden Abbildungen:

Bilder 8.97 und 8.98: Gefahrgutunfall auf der Autobahn. Stundenlange Staus, Umweltverschmutzung, aufwändige Entsorgung und Sachschaden. Die Ladung, ein Akkumulator für einen Gabelstapler, war nicht gesichert. Der Anhänger kam ins Schlingern und die Ladung geriet ins Rutschen.

Bilder 8.99 und 8.100: „Abladen“ während der Fahrt. Die auf dem Dach des Kleintransporters geladenen Rohre konnten bei einer solch unzureichenden Ladungssicherung ungehindert vom Dach fallen. Andere Verkehrsteilnehmer wurden in diesem Fall glücklicherweise nicht getroffen.

Bilder 8.101 und 8.102: Der Kleintransporter mit Anhänger musste bremsen. Die ungesicherten Coils rutschten durch die vordere Stirnwand des Anhängers und beschädigten den Kleintransporter.

8.5 BUSSGELDER

Bei Gefahrguttransporten ist die Bußgeldregelung für mangelhafte Ladungssicherung noch höher angesetzt als bei Nicht-Gefahrgütern.

In der GGVSEB (§ 29 Abs. 1) heißt es:

„Der **Verlader** und der **Fahrzeugführer** im Straßenverkehr haben die Vorschriften über die Beladung und die Handhabung nach (...) den Abschnitten 7.5.2, 7.5.5, 7.5.7, (...) 7.5.8 und 7.5.11 ADR zu beachten."

Es drohen hohe Bußgelder für Fahrzeugführer und Verlader in Höhe von **300,– bis 500,– €**, und für den Beförderer können sogar bis zu **800,– €** fällig werden, wenn er die erforderliche Ausrüstung dem Fahrer nicht übergibt.

Seit Mai 2014 kann sowohl der **Verlader** als auch der **Fahrzeugführer** mit einem Punkt im Fahreignungs-Bewertungssystem bestraft werden, wenn gegen die GGVSEB verstoßen und die Ladung nicht gemäß 7.5.7.1 ADR gesichert wird. Dem **Beförderer** droht ebenfalls ein Punkt, wenn er die erforderliche Ausrüstung für die Ladungssicherung nicht mitgibt.

Halter bekam Bußgeld und Punkte in Flensburg.

Schilderung:

Ein Halter hatte von September 1999 bis Mai 2001 fünf Bußgeldbescheide erhalten. Darunter waren vier Bußgeldbescheide wegen Ladungssicherungsmängeln, da seine Fahrzeugführer die Ladung nicht gesichert hatten und kontrolliert worden waren. Ein Bußgeldbescheid war wegen Geschwindigkeitsüberschreitung erlassen worden, die er selbst begangen hatte.
Es wurde ihm als Halter zur Last gelegt, dass er die Inbetriebnahme der Fahrzeuge, obwohl die Ladungssicherung mangelhaft war, angeordnet habe.
Der Halter hatte zwar mehrere allgemeine Dienstanweisungen für seine Mitarbeiter zur Beachtung herausgegeben, jedoch erkannte das Amtsgericht diese nicht an.
Die Begründung des Amtsgerichts: „Als Halter bzw. Verantwortlicher kann man sich nicht darauf beschränken, den Fahrern eine allgemeine Dienstanweisung zu erteilen. Seine eigene Verantwortung für die Ladungssicherung lässt sich nicht auf diese Weise auf die Kraftfahrer abwälzen. Diese Pflichten mussten ihm auch bekannt sein, da schon mehrere Voreintragungen im Verkehrszentralregister enthalten sind."
Da in dieser Zeit trotz Verwarnung wegen wiederholter Verkehrsverstöße insgesamt 15 Punkte im Verkehrszentralregister eingetragen waren, ordnete die Fahrerlaubnisbehörde ein Aufbauseminar an.

In der Begründung heißt es: „Zum Schutz vor den Gefahren, die von wiederholt gegen Verkehrsvorschriften verstoßenden Fahrzeugführern und -haltern ausgehen, hat die Fahrerlaubnisbehörde gemäß § 4 Abs. 3 StVG bei Erreichen von 14, aber weniger als 18 Punkten die Teilnahme an einem Aufbauseminar anzuordnen."
Zu den Punkten kamen Bußgelder von insgesamt ca. 1000,– DM (500,– €).

8.6 FÜRS GEDÄCHTNIS

- ✔ **Langgut** immer mit **Formschluss** nach vorn und hinten **und durch Umspannen** sichern.
- ✔ Bei rollenförmigen Gütern sind **Holzgestelle** hilfreich.
- ✔ Bei schweren Einzelgütern sind **Gewicht und Schwerpunktlage** zu erfragen, um die **Lastverteilung** einzuhalten.
- ✔ Beim **Stückgut**transport sind **Zurrnetze oder -planen** zu empfehlen. Bilden von Ladeeinheiten erwägen.
- ✔ Beim **Schüttgut**transport sollte mit **Zurrnetzen oder -planen** abgedeckt werden.
- ✔ Beim **Gefahrgut**transport sind außerdem Besonderheiten zu beachten.
- ✔ Achtung: Eine **ungesicherte**, freistehende **Ladung von 50 kg** würde bei nur 50 km/h **mit 4816 kg** auf die Stirnwand **aufschlagen**!

8.7 KONTROLLFRAGEN

1. Durch welche Art der Ladungssicherung lässt sich eine Last von 2500 kg mit ARM am effektivsten sichern?

- ❏ A durch Diagonalzurren
- ❏ B durch Niederzurren
- ❏ C durch Kombinationszurren
- ❏ D durch Kopflasching nach vorn

2. Durch welche Maßnahmen lässt sich auf der Ladefläche unter anderem ein Formschluss erreichen?

- ❏ A Nur durch Heranstellen der Ladung an die Stirnwand
- ❏ B Durch den Einsatz von Holzpaletten zur Sicherung der Aufbauplane
- ❏ C Durch den Aufbau einer künstlichen Stirnwand aus Holzpaletten in Verbindung mit dem Kopflasching
- ❏ D Nur durch den Wechsel vom Nieder- zum Diagonalzurren

3. Stückguttransporte lassen sich oftmals bedingt durch ihre unterschiedliche Transportgutgeometrie schwer sichern. Nennen Sie eine Möglichkeit, die Sicherung effektiv zu unterstützen.

- ❏ A nur durch eine verstärkte Plane
- ❏ B durch den erhöhten Einsatz von Zurrgurten
- ❏ C durch den funktionsbereiten Aufbau des Fahrzeugs
- ❏ D durch Zurrnetze

4. Big Bags, Sackware und Fässer lassen sich auch im Niederzurrverfahren sichern. Nennen Sie eine richtige Lösung.

- ❑ A Nur mit den Zurrmitteln. Die Ware ist teilweise sehr weich; es lassen sich hohe Vorspannkräfte erreichen.
- ❑ B Die oben benannte Ware lässt sich nicht durch Niederzurren sichern.
- ❑ C Man legt Paletten auf das Ladegut und zurrt mit Zurrgurten darüber nieder.
- ❑ D Bei einer rundum formschlüssigen Beladung benötige ich keine Zurrmittel.

5. Sie sollen auf Ihren unbeplanten Anhänger eine Rückladung von 6 Europaletten aufnehmen, die freistehend transportiert werden müssen. Wie sichern Sie diese Ladung?

- ❑ A Die Paletten werden mit einem Gurt S_{TF} 300 daN gesichert.
- ❑ B Die 6 Paletten haben ein Gewicht von 90 kg. Ich brauche sie nicht zu sichern.
- ❑ C Die Paletten werden mit zwei Zurrgurten gesichert, damit die freistehenden Paletten sich nicht verdrehen können.
- ❑ D Ich nehme die oberen zwei Paletten auf, stelle sie hochkant und lege je einen Gurt nach vorn und hinten als Umreifung bzw. Buchtlasching.

Im Buch verwendete Zeichen und Abkürzungen

Zeichen, Abkürzung	Bezeichnung	Maßeinheit	Bemerkung, Fundstelle
a	Beschleunigung/Verzögerung	m/s^2	S. 31
f	Beschleunigungsbeiwert	–	S. 96
f_{lh}	Beschleunigungsbeiwert längs nach hinten		S. 96
f_{lv}	Beschleunigungsbeiwert längs nach vorn		S. 96 f.
f_q	Beschleunigungsbeiwert quer		S. 94, 96, 97
f_v	Vertikalbeschleunigungsbeiwert nach unten		S. 96 f.
cos	Cosinus eines Winkels	–	Tabelle S. 96
da	Deka	–	das Zehnfache einer Maßeinheit
daN	Dekanewton	–	Maßeinheit für die Kraft; 1 daN ≈ 1 kg
F	Kraft	N, daN	$1\ N = 1\ kg \cdot m/s^2$ 10 N = 1 daN
F_R	Reibkraft	N, daN	S. 32
F_G	Gewichtskraft	N, daN	S. 30 ff., 92 ff.
F_S	Sicherungskraft (Rückhaltekraft eines Zurrmittels)	N, daN	S. 34
F_{iS}	Vorspannkraft	N, daN	S. 92 ff.
F_l	Massenkraft (Längskraft der Ladung)	N, daN	S. 31
F_q	Fliehkraft (Querkraft der Ladung)	N, daN	S. 31
F_z	Vertikalkraft der Ladung	N, daN	–
g	Erdbeschleunigung	m/s^2	$g = 9{,}81\ m/s^2$, S. 30, 32
h_s	Schwerpunkthöhe	cm, m	S. 36
k	Übertragungsbeiwert	–	S. 34, 91–92
LC	Zugkraft eines Zurrmittels, Zurrkraft	N, daN	S. 63, 76, 82–83, 96, 115

Abkürzungen

Zeichen, Abkürzung	Bezeichnung	Maßeinheit	Bemerkung, Fundstelle
L_G	Länge eines einteiligen Zurrgurtes, gemessen vom freien Ende d. Gurtbandes bis zum äußeren Wenderadius seiner Verbindung m. dem Spannelement	m	S. 82
L_{GF}	beim zweiteiligen Zurrgurt: Länge des Festendes, gemessen vom Tragpunkt des Endbeschlagteils bis zum äußeren Wenderadius der Verbindung des Gurtbandes m. dem Spannelement	m	S. 82
L_{GL}	Länge des Losendes, gemessen vom freien Ende des Gurtbandes bis zum Tragpunkt des Endbeschlagteils	m	S. 82
m	Masse	kg, t	S. 53
n	Anzahl der Zurrmittel	–	S. 93 f.
P	Fahrzeug-Nutzlast	kg, t	–
r	Radius (halber Durchmesser)	cm, m	S. 36
s	Weg, Abstand	cm, m	–
S	Schwerpunktabstand des einzelnen Ladegutes zur Stirnwand	m	S. 53
S_{HF}	maximale (oder normale) Handkraft	N, daN	S. 76, 82
S_{res}	Abstand des Gesamtladungsschwerpunktes von der Stirnwand	m	S. 53
S_{TF}	normale Vorspannkraft (auf dem Zurrgurtetikett angegeben)	N, daN	S. 82, 93
sin	Sinus eines Winkels	–	Tabelle S. 34, 93, 96
t	Zeit	s	–
v	Geschwindigkeit	m/s	$v = \frac{s}{t}$
W_{kin}	kinetische Energie (Bewegungsenergie)	J	–
α	Zurrwinkel, Vertikalwinkel (Winkel zwischen Zurrmittel und Ladefläche)	°	S. 60, 68 ff.
β	Zurrwinkel, Horizontalwinkel (Winkel zwischen Zurrmittel und Bordwand)	°	S. 68, 95
γ	Kippsicherheitsbeiwert	–	S. 36
μ	Gleitreibbeiwert, Gleitreibzahl, Reibbeiwert	–	S. 32 f., 61 f.

Fahrzeug	**Ja**	**Nein**
Einwandfreier technischer Zustand gem. Betriebsanleitung/Checkliste Hersteller?		
Ist das Fahrzeug für die aufzunehmende Ladung geeignet?		
Fahrzeugaufbau	**Ja**	**Nein**
Ladefläche bzw. Kastenwagen von innen beschädigt?		
Ladefläche gereinigt / herausstehende Nägel entfernt? (Gefahrgutreste oder Reibbeiwert verändernde Produkte, wie z. B. Sand, entfernt)		
Bordwände/Rungen vorhanden, keine optischen Schäden?		
Zurrpunkte der Ladefläche wie Ösen, Zurrschienen usw. vorhanden und (siehe Hinweisschild für Zurrpunkte) für die Ladung geeignet?		
Plane richtig verzurrt und ohne Beschädigung?		
Spriegel weisen keine Beschädigungen auf?		
Einsteckbretter unbeschädigt und alle vorhanden?		
Schwerpunkt-/Lastverteilung eingehalten und Ladegut richtig verteilt?		
Ladungssicherung	**Ja**	**Nein**
Ist die Ladung so gesichert, dass Beschädigungen oder Verluste ausgeschlossen sind?		
Ladungssicherungshilfsmittel wie Netze, Planen, Ladegestelle, Antirutschmatten, Rechteckhölzer, Keile, Rundschlingen usw. vorhanden, genutzt und in ordnungsgemäßem Zustand?		
Zurrgurte geprüft und Angaben auf dem Zurrgurtetikett beachtet?		
Ladung durch geeignete Hilfsmittel gegen Verrutschen gesichert?		
Freiräume zwischen dem Ladegut (Ladelücken) durch Paletten, Staupolster oder andere geeignete Hilfsmittel ausgefüllt?		
Punktbelastungen der Ladefläche (z. B. bei Rohren, Standfläche von Maschinen usw.) beachtet und durch Rechteckhölzer auf der Ladefläche verteilt?		
Kantenschutz für Zurrgurte verwendet?		
Vorspannkraft ermittelt?		
Begleitpapiere allg. und ADR	**Ja**	**Nein**
Sind die erforderlichen Papiere vorhanden (Gefahrgut)? (Sichtprüfung)		
Kennzeichnung (ADR)	**Ja**	**Nein**
Ist die Beförderungseinheit korrekt gekennzeichnet? (Sichtprüfung)		
Ausrüstung	**Ja**	**Nein**
Ist die Fahrzeugausrüstung vollständig und in Ordnung? (Sichtprüfung)		
Ist bei ADR-Transporten die Ausrüstung gem. schriftlichen Weisungen vollständig und in Ordnung? (Sichtprüfung)		

LÖSUNGEN DER KONTROLLFRAGEN:

Themenbereich 1	
1	C
2	D
3	A
4	B

Themenbereich 2	
1	C
2	B
3	A
4	B
5	B

Themenbereich 3	
1	D
2	C
3	D
4	D
5	B

Themenbereich 4	
1	A
2	C
3	B
4	B
5	D

Themenbereich 5	
1	A
2	D
3	C
4	C
5	D
6	D

Themenbereich 6	
1	A
2	C
3	C
4	D
5	D

Themenbereich 7	
1	A
2	B
3	A
4	B

Themenbereich 8	
1	C
2	C
3	D
4	C
5	C

9 STICHWORTVERZEICHNIS

T

U

V

W

Z